DIVÓRCIO JÁ!

Comentários
à Emenda Constitucional 66,
de 13 de julho de 2010

Diretora Responsável
GISELLE TAPAI

Diretora de Operações de Conteúdo
JULIANA MAYUMI ONO

Editores: Danielle Oliveira, Elisabeth Bianchi, Flávio Viana Filho, Henderson Fiirst e Iviê A. M. Loureiro Gomes

Editorial

Coordenação
JULIANA DE CICCO BIANCO

Analistas Editoriais: Amanda Queiroz de Oliveira, Ana Beatriz de Melo Cyrino, Camila Amadi Bonfim Rosa, Érica Akie Hashimoto, Flávia Campos Marcelino Martines, George Silva Melo, Georgia Renata Dias e Ivo Shigueru Tomita

Técnicos de Processos Editoriais: Maria Angélica Leite e Paulo Alexandre Teixeira

Assistente Documental: Samanta Fernandes Silva

Capa: Andréa Zanardi

Coordenação Administrativa
RENATA COSTA PALMA E ROSANGELA MARIA DOS SANTOS

Assistente: Karla Capelas

Editoração Eletrônica

Coordenação
ROSELI CAMPOS DE CARVALHO

Equipe de Editoração: Carolina do Prado Fatel, Gabriel Bratti Costa, Ladislau Francisco de Lima Neto, Luciana Pereira dos Santos, Luiz Fernando Romeu e Vera Lúcia Cirino

Produção Gráfica

Coordenação
CAIO HENRIQUE ANDRADE

Auxiliar: Rafael da Costa Brito

Dados Internacionais de Catalogação na Publicação (CIP)
(Câmara Brasileira do Livro, SP, Brasil)

Dias, Maria Berenice

    Divórcio já! : comentários à emenda constitucional 66 de 13 de julho de 2010 / Maria Berenice Dias. – 2. ed. rev. atual. e ampl. – São Paulo : Editora Revista dos Tribunais, 2012.

Bibliografia.
ISBN 978-85-203-4187-2

1. Divórcio 2. Divórcio - Brasil I. Título.

11-10914   CDU-347.627.2(81)

Índices para catálogo sistemático: 1. Brasil : Divórcio : Direito civil 347.627.2(81)

MARIA BERENICE DIAS

DIVÓRCIO JÁ!

Comentários
à Emenda Constitucional 66,
de 13 de julho de 2010

Que não seja imortal posto que é chama
Mas que seja infinito enquanto dure!

Vinícius de Moraes

2.ª edição
revista, atualizada
e ampliada

2.ª tiragem

THOMSON REUTERS
REVISTA DOS TRIBUNAIS™

Divórcio já!

Comentários à Emenda Constitucional 66, de 13 de julho de 2010

MARIA BERENICE DIAS
2.ª edição revista, atualizada e ampliada
2.ª tiragem

1.ª edição: 1.ª tiragem: agosto de 2010; *2.ª tiragem*: outubro de 2010;
2.ª edição: 1.ª tiragem: abril de 2012

© desta edição [2012]
EDITORA REVISTA DOS TRIBUNAIS LTDA.
GISELLE TAPAI
Diretora responsável
Rua do Bosque, 820 – Barra Funda
Tel. 11 3613-8400 – Fax 11 3613-8450
CEP 01136-000 – São Paulo, SP, Brasil

Todos os direitos reservados. Proibida a reprodução total ou parcial, por qualquer meio ou processo, especialmente por sistemas gráficos, microfílmicos, fotográficos, reprográficos, fonográficos, videográficos. Vedada a memorização e/ou a recuperação total ou parcial, bem como a inclusão de qualquer parte desta obra em qualquer sistema de processamento de dados. Essas proibições aplicam-se também às características gráficas da obra e à sua editoração. A violação dos direitos autorais é punível como crime (art. 184 e parágrafos, do Código Penal), com pena de prisão e multa, conjuntamente com busca e apreensão e indenizações diversas (arts. 101 a 110 da Lei 9.610, de 19.02.1998, Lei dos Direitos Autorais).

CENTRAL DE RELACIONAMENTO RT
(atendimento, em dias úteis, das 8 às 17 horas)
Tel. 0800-702-2433
e-mail de atendimento ao consumidor: sac@rt.com.br
Visite nosso *site*: www.rt.com.br

Impresso no Brasil
[08-2013]

Profissional

Fechamento desta edição
[03.04.2012]

901

ISBN 978-85-203-4187-2

APRESENTAÇÃO

Todos acreditam que não existe nada mais importante do que a estabilidade do amor eterno.

Um sonho que todos perseguem.

As mulheres desde o nascimento suspiram pelo príncipe encantado que as levará ao altar, vestidas de noiva de véu e grinalda.

Os homens buscam no casamento a segurança e a estabilidade a que estavam acostumados no lar materno.

Claro que a possibilidade de tudo isso acabar assusta.

Outra não é a justificativa para a dificuldade em aceitar o fim do casamento.

Não há frustração maior.

Soa como a falência de um projeto que nasceu para durar para sempre: até que a morte os separe.

Ninguém sequer gosta de pensar nisso. Nem os cônjuges, nem os filhos, nem o Estado.

Por isso é tão difícil avançar em termos legislativos para alcançar situações de vida que refogem do modelo idealizado da família.

Resiste a sociedade. Os representantes do povo travam na hora de aprovar leis por medo de desagradar o seu eleitorado que, na grande maioria, ainda tem uma tendência comprometida com dogmas religiosos.

Isso foi o que aconteceu com o divórcio. Foram necessários 27 anos de luta para que o Senador Nelson Carneiro lograsse a mudança da Constituição para acabar com a indissolubilidade do vínculo matrimonial.

Para isso precisou fazer concessões, impor restrições, limites e empecilhos na tentativa de dificultar ao máximo a possibilidade de as pessoas saírem definitivamente do casamento. Daí a mantença de uma dupla via para um só fim – acabar com um casamento já desfeito!

Muitas das exigências iniciais caíram e outras foram abrandadas. Ou por exigência social ou em decorrência de alterações legais provocadas pelos avanços jurisprudenciais.

Mas certo é que, manter o instituto da separação com a imposição de causas e prazos, bem como exigir sua transformação em divórcio depois do decurso de um ano, nitidamente afrontava o princípio da liberdade e restringia a autonomia da vontade. Do mesmo modo, impor a espera por um ano para acabar consensualmente o casamento ou o decurso de dois anos de separação de fato para a concessão do divórcio era outro absurdo que estava mais do que na hora de acabar.

Por isso foi bem-vinda a Emenda Constitucional 66/2010, fruto de uma árdua luta do Instituto Brasileiro de Direito de Família – IBDFAM, que contou com o irrestrito apoio de um de seus associados, o Deputado Federal Sérgio Barradas Carneiro, que foi seu relator e seu incansável defensor.

Mas, como era de se esperar, manifestações contrárias surgiram na vã tentativa de engessar a reforma que mudou de forma tão significativa o sistema jurídico pátrio. A linha de argumentação dos antidivorcistas restou isolada e não consegue resistir à doutrina majoritária e maciça aceitação principalmente dos juízes, notários e registradores. Tanto é assim que o tema pouco tem batido às portas dos tribunais.

Todos reconheceram a efetividade imediata da reforma, sendo desnecessária alteração da legislação infraconstitucional.

Claro que ainda há quem se atrapalhe diante do novo, principalmente quando as novidades dizem com as relações familiares e os vínculos afetivos.

Não é demais insistir que a mudança veio para consolidar os vínculos familiares. Ao acabar com a estéril imputação da culpa, reduziu o grau de litigiosidade do casal, o que só vem em benefício da prole. Afinal, o fim da conjugalidade não pode afetar os elos de parentalidade de qualquer dos pais com os filhos.

Esta segunda edição colaciona a atual posição doutrinária e jurisprudencial sobre o tema.

Com certeza, buscar respostas para dar vida ao novo é a melhor forma de eliminar o medo gerado pelas novidades, ainda mais quando a mudança corresponde ao anseio de todos: assegurar o direito à felicidade de forma livre e responsável!

Maria Berenice Dias
www.mbdias.com.br
www.mariaberenice.com.br
www.direitohomoafetivo.com.br

SUMÁRIO

APRESENTAÇÃO 5

1. INTRODUÇÃO 13
2. ASPECTOS HISTÓRICOS 19
3. RESISTÊNCIAS DOUTRINÁRIAS E JURISPRUDENCIAL ... 29
   3.1 As diversas posições doutrinárias 29
   3.2 Reflexos jurisprudenciais 36
4. ALCANCES DA MUDANÇA 43
   4.1 Na doutrina 44
   4.2 Na jurisprudência 50
5. OS EFEITOS DA SEPARAÇÃO E DO DIVÓRCIO 55
6. REFLEXOS DA ALTERAÇÃO CONSTITUCIONAL 61
   6.1 O fim da culpa 61
   6.2 Obrigação reparatória por dano moral 68
   6.3 Estado civil 74
   6.4 Impossibilidade de reconciliação 77
   6.5 Recusa de homologação 80
   6.6 Nulidade do casamento putativo 82
   6.7 Aspectos sucessórios 85
   6.8 Ausência e a nomeação do curador 89
   6.9 O beneficiário de seguro 90
7. O DIVÓRCIO HOJE 93
   7.1 Demandas do divórcio 94

7.1.1	Legitimidade das partes	96
7.1.2	Judicial	98
7.1.3	Extrajudicial	99
7.1.4	Litigioso	108
7.2	Conversão da separação em divórcio	115

8. DISSOLUÇÃO DO CASAMENTO E AÇÕES CUMULADAS 117

    8.1 Alimentos 118

    8.2 Nome 123

    8.3 Partilha de bens 126

9. O FIM DA SEPARAÇÃO 131

    9.1 Demandas de separação 138

        9.1.1 Consensual 139

        9.1.2 Litigiosa 143

        9.1.3 Conversão da separação em divórcio 146

10. ALTERNATIVAS POSSÍVEIS 149

    10.1 Separação de fato 151

    10.2 Separação de corpos 154

11. QUESTÕES INTERTEMPORAIS E AS AÇÕES EM ANDAMENTO 159

    11.1 Divórcio judicial 162

    11.2 Divórcio extrajudicial 163

    11.3 Separação judicial 163

    11.4 Separação de corpos 164

    11.5 Restabelecimento da sociedade conjugal 164

    11.6 Conversão da separação em divórcio 166

    11.7 Estado civil 167

    11.8 Nome 167

    11.9 Alimentos 168

12. CONCLUSÕES 171

ANEXOS

1. EC 66 de 13.07.2010	179
2. PEC 33 de 2007	180
2.1 Parecer do Senado	182
2.2 Pareceres da Câmara Federal	184
3. Alterações na legislação infraconstitucional	199
3.1 Lei de Introdução às normas do Direito Brasileiro – Lei 12.376/10	199
3.2 Código Civil	200
3.3 Código de Processo Civil	208
3.4 Lei de Alimentos – Lei 5.478/68	212
3.5 Lei dos Registros Públicos – Lei 6.015/77	212
3.6 Lei do Divórcio – Lei 6.515/77	213
3.7 Estatuto da Criança e do Adolescente – ECA – Lei 8.069/90	226
4. Resolução 35 do Conselho Nacional de Justiça	228
BIBLIOGRAFIA	233
OUTRAS OBRAS DA AUTORA	239

1
INTRODUÇÃO

A Emenda Constitucional 66, publicada em 14 de julho de 2010, ao dar nova redação ao § 6.º do art. 226 da CF,[1] eliminou o instituto da separação e acabou com a perquirição de culpa e a imposição de prazos para a concessão do divórcio.

A **separação**, ainda que consensual, só podia ser obtida depois de um ano do casamento. A separação litigiosa dependia da identificação de culpados, e somente o "inocente" tinha legitimidade para ingressar em juízo pleiteando a separação judicial. Depois, era necessário aguardar um ano para converter a separação em divórcio.

Já o **divórcio** direto estava condicionado ao decurso do prazo de dois anos da separação de fato. Ou seja, era necessário aguardar ou o transcurso do lapso temporal ou conseguir declaração de duas testemunhas de que o casal estava separado por este período. Sem dúvida alguma este era o caminho mais trilhado, o que colocava a justiça em uma posição de silenciosa conivência com a mentira.

A eliminação de todos esses percalços, em pouco mais de um ano, teve significativa repercussão. Segundo o IBGE,[2] a taxa

---

1. Emenda Constitucional 66, de 13/07/2010, DOU 14/07/2010: Art. 1.º: O § 6.º do art. 226 da Constituição Federal passa a vigorar com a seguinte redação: O casamento civil pode ser dissolvido pelo divórcio.
2. Dados divulgados pelas Estatísticas de Registro Civil do Instituto Brasileiro de Geografia e Estatística (IBGE) em 2010, disponíveis em www.ibge.gov.br.

geral de divórcio atingiu, em 2010, o seu maior valor: 1,8% (1,8 divórcios para cada mil pessoas de 20 anos ou mais), um acréscimo de 36,8% no número de divórcios em relação a 2009.

No mesmo sentido, a taxa geral de separação teve queda significativa, chegando a 0,5% (0,5 separações para cada mil pessoas de 20 anos ou mais), o menor índice do qual se tem notícia no Brasil.

Por outro lado, houve um incremento de 4,5% no número de casamentos em relação a 2009. Já os casamentos em que pelo menos um dos cônjuges era divorciado ou viúvo totalizaram 18,3% das uniões, 11,7% a mais que em 2000. Os números expressam o que já era evidente: os brasileiros percebem cada vez mais que o amor, quando não se renova, se recomeça.

Diante desses dados é imperioso reconhecer que a família não acabou ante a possibilidade de sua dissolução ocorrer de modo simplificado. Pelo contrário, a família se fortaleceu, se rearranjou, se ampliou. Tornou-se mais afeto que força. Aliás, não foi por outro motivo que o IBDFAM – Instituto Brasileiro de Direito de Família elaborou e encaminhou a Emenda, com o só intuito de amoldar o sistema jurídico à realidade dos dias de hoje.

A família contemporânea mudou e o seu conceito se pluralizou. Não mais cabe falar em família, mas em famílias. Migrar de um relacionamento para outro já não causa repulsa social. Hoje ninguém mais permanece dentro de um casamento que deixou de corresponder ao modelo de felicidade idealizado. E nada, absolutamente nada justifica o Estado impor limites e amarras para tentar dissuadir alguém de dar um basta a um vínculo já desfeito pelo fim do amor. A resistência que havia em chancelar o fim do casamento acabou provocando efeito inverso. As dificuldades eram tamanhas que muitos evitavam sacralizar a união ou formalizar sua dissolução.

A partir do momento em que os relacionamentos extramatrimonias – com o nome de união estável – ganharam *status* de entidade familiar, e a Justiça emprestou à separação de fato todos os efeitos da separação judicial, o instituto da separação perdeu sentido. Claro que o legislador não podia quedar-se inerte. Não ver a nova realidade estava gerando insegurança jurídica. A injustificada resistência à dissolução do casamento configurava afronta ao direito à liberdade e grave limitação ao princípio da autonomia privada, deixando de atentar à dignidade da pessoa humana que tem como corolário a autorresponsabilidade, a boa-fé e a eticidade.

Todos esses fatores provocaram o fim da inútil, desgastante e onerosa separação judicial. Tratava-se de instituto que trazia prejuízos tanto para o casal como para o próprio Poder Judiciário, pois impunha uma duplicidade de procedimentos para acabar com o casamento. De nenhum senso forçar a mantença do matrimônio durante o período de um ano, para só então permitir sua dissolução. Exigir a exposição da intimidade da vida conjugal para identificar um culpado, como pressuposto à dissolução de uma união que não mais existia, era, para dizer o mínimo, cruel. Para lá de absurdo forçar distinções difíceis até de explicar, entre sociedade conjugal "finda" e vínculo matrimonial não "extinto", com o único intuito de tentar manter o casamento. Felizmente este verdadeiro calvário chegou ao fim.

A mudança teve enorme alcance. Extinta a separação judicial, acabou a possibilidade de serem questionadas as causas do término da união, espancando de vez a culpa para chancelar a dissolução do casamento. Também foram eliminados prazos à concessão do divórcio. Certamente o mais significativo passo foi ter excluído de vez a culpa do âmbito do Direito das Famílias, sede em que cabe falar somente em responsabilidade Ainda que não alterada a legislação infraconstitucional, não mais persiste a possibilidade de apuração de culpa, com imposição de sequelas de natureza patrimonial, mudança que alcançou a anulação do casamento, a quantificação dos alimentos e teve desdobramentos no direito sucessório.

Exorcizar definitivamente a busca de identificação de culpados certamente foi o maior ganho, porque diminui o grau de litigiosidade do casal. Nenhum do par pode pleitear a responsabilização do outro pelo fim do casamento. Afinal, mesmo depois do fim da união conjugal, indispensável a mantença dos vínculos de cordialidade. Não há melhor fórmula para banir a violência familiar. Assim, impedir a discussão das causas da separação vem em proveito principalmente da prole, que merece ser preservada das desavenças dos pais.

Há outro aspecto significativo na alteração constitucional. Acabou com a injustificável **interferência do Estado** na vida dos cidadãos. Enfim passou a ser respeitado o direito de todos de buscar a felicidade, que não se encontra necessariamente na mantença do casamento. Muitas vezes, a chance de ser feliz depende do seu fim. *Ao extirpar do texto as expressões que limitavam seu alcance, o legislador libertou o instituto do divórcio de suas amarras históricas e provocou uma mudança de paradigma, cuja assimilação em sua inteireza pode chegar a ser agressiva para espíritos conformados com os princípios então vigentes.*[3] A EC 66/2010 mudou o valor contido na norma constitucional. Os prazos impostos para evitar o fim "precipitado e impensado" do casamento desapareceram e qualquer pessoa pode casar em um dia e se arrepender no dia seguinte.[4]

Além de trazer proveito a todos, a medida produziu significativo desafogo do **Poder Judiciário**, pois reduziu o número de ações. Agora basta um único procedimento para a concessão do divórcio. Não se faz necessário buscar a separação de corpos, depois a separação judicial, para finalmente obter, depois de um ano, a sua conversão em divórcio. Com isso os processos passaram a ter prazo de tramitação muito menor.

---

3. Paulo Hermano Soares Ribeiro, Análise preliminar da EC n. 66/10 e seus reflexos no divórcio por escritura pública.
4. José Fernando Simão, A PEC do Divórcio..., 17.

Foram eliminados anos de conflitos, pois não há mais provas a serem produzidas. Basta a juntada da certidão de casamento para buscar a sua dissolução.

Desde a mudança, qualquer dos cônjuges pode buscar o divórcio sem precisar declinar causas ou motivos, ou aguardar qualquer tempo. Trata-se de **direito potestativo**, sem que a discordância do outro possa impedir a dissolução do casamento. Como refere Pablo Stolze, se um descobre que o outro não é o amor de sua vida, pode pedir o divórcio. Sem causa específica. Sem prazo determinado. Pede, simplesmente, porque não gosta mais. E há motivo mais forte do que este?[5]

---

5. Pablo Stolze, A nova emenda do divórcio:.., 82.

2
ASPECTOS HISTÓRICOS

Foi a enorme influência religiosa em uma sociedade conservadora e patriarcal que levou à consagração do matrimônio como eterno: até que a morte os separe! Como lembra Rodrigo da Cunha Pereira: *O Estado já está oficialmente divorciado da Igreja Católica desde a Constituição de 1891. Mesmo assim, a legislação brasileira ainda é contaminada por elementos religiosos e pela interferência do Direito Canônico, que traz consigo todos os ingredientes de uma moral sexual dita civilizatória, como tão bem descreveu Freud.*[1]

No entanto, quem baseia suas normas éticas na Bíblia muito raramente percebe que a sociedade ilustrada no Velho Testamento é poligâmica. Além disso, na Grécia, homens casados rotineiramente mantinham relações com prostitutas e, em Roma, praticamente todas as grandes figuras públicas, tanto homens como mulheres, se casaram no mínimo duas vezes. Ou seja, o ideário da bigamia e do casamento eterno não se sustenta em face do menor escrutínio histórico, ou mesmo bíblico.[2]

· Todavia, a tentativa de manter o casamento indissolúvel não interessa somente à igreja, mas também ao Estado, que aposta na conservação da família, a considerando a base da sociedade e conferindo-lhe especial proteção (CF 226). A histórica negativa em admitir a separação tinha como justificativa o caráter essencialmente patrimonialista do casamento.

---

1. Rodrigo da Cunha Pereira, Divórcio responsável.
2. Martha Nussbaum, From disgust to humanity, 134.

Visava a lei proteger o patrimônio do casal sem qualquer preocupação com a felicidade dos próprios cônjuges. Ou seja, as pessoas não eram livres para amar, pois precisavam continuar casadas. Mas esta imposição nunca foi cumprida. Aliás, não há lei – nem dos homens e nem do deus de nenhuma religião – que consiga obrigar alguém a permanecer em um casamento. Mesmo antes da Lei do Divórcio, quando o casamento era indissolúvel, havia o **desquite**, que significava "não quites", isto é, alguém em débito para com a sociedade. Tratava-se de um eufemismo: o desquite rompia a sociedade conjugal, mas não dissolvia o vínculo matrimonial. As pessoas desquitadas não eram casadas, mas não havia mais deveres conjugais nem a comunicabilidade patrimonial. Ainda assim os desquitados não podiam casar novamente. José Carlos Teixeira Giorgis bem retrata a realidade da época: *Como os tempos eram patriarcais os alquimistas de plantão inventaram um placebo: o desquite, que não resolvia muito nem dissolvia o matrimônio. Os pais não aceitavam namoro com homem desquitado. A saída era uma viagem ao consulado uruguaio ou boliviano. Também elaborar um contrato de vida em comum, com respeito aos deveres normais para o casal legítimo. Entre as cláusulas não faltava o benefício previdenciário; ou dependência no clube da cidade.*[3]

A resistência para a concessão do desquite era de tal ordem que, mesmo amigável, dependia de decisão judicial com recurso de ofício interposto pelo próprio juiz. A sentença precisava ser confirmada pelo Tribunal. Como o recurso tinha efeito suspensivo, era necessário o trânsito em julgado do acórdão para que, finalmente, a sentença produzisse efeito.

Mas havia mais. As famílias formadas pelos egressos de casamentos desfeitos não eram admitidas. Os relacionamentos não ungidos pelos "sagrados" laços do matrimônio eram cha-

---

3. José Carlos Teixeira Giorgis, Os direitos sucessórios do cônjuge sobrevivo.

mados de "concubinato". E, além de rejeitados pela sociedade, o sistema legal negava-lhes a concessão de qualquer direito.

Mas no momento em que as novas uniões passaram a merecer a aceitação social, quando de seu desfazimento – quer pela separação, quer pela morte –, os concubinos foram em busca do reconhecimento jurídico. Os juízes não conseguiram conviver com a invisibilidade a que estavam condenadas as uniões extramatrimoniais. Para evitar o enriquecimento sem causa de um dos parceiros ou de seus sucessores em detrimento do outro, a Justiça passou a distinguir companheiros de concubinos e assim driblar as restrições legais. Primeiro, timidamente, ditas uniões foram admitidas como relações de emprego. Via-se lavor onde existia amor. Depois, como meras sociedades de fato e não sociedades de afeto. Tais avanços acabaram por forçar o fim da hipocrisia.

Daí o movimento para acabar com a indissolubilidade do casamento. Como era um preceito consagrado na Constituição, para ser admitido o divórcio, havia a necessidade de alterar o texto constitucional. A resistência era de tal ordem que foi preciso, inclusive, mudar o quórum de emenda à Constituição: de dois terços foi reduzido para maioria simples. Só assim, depois de 27 anos da incansável luta do Senador Nelson Carneiro, em 26 de dezembro de 1977, foi admitida a dissolução do vínculo matrimonial no País.[4]

Ainda assim, a rejeição persistia. Para a aprovação da **Lei do Divórcio** (L 6.515/77), foi necessário manter o desquite, procedendo-se a uma singela alteração terminológica. O que o Código Civil chamava de desquite a Lei do Divórcio (LD) denominou de separação, com idênticas características: terminava a sociedade conjugal, mas não dissolvia o vínculo matrimonial, o que só ocorria com o divórcio ou a morte. *Surge no*

---

4. Emenda Constitucional 9/1977.

ordenamento jurídico brasileiro o sistema binário de dissolução da sociedade e vínculo conjugal, com a introdução do instituto do divórcio, exigindo a lei que os cônjuges se separem, para depois se divorciarem.[5]

Com o advento do novo sistema, duas eram as modalidades de pôr fim à sociedade conjugal. Primeiro as pessoas precisavam se separar. Só depois é que podiam converter a separação em divórcio. *Desde a Lei do Divórcio tem sido feita a distinção entre "terminar" e "dissolver" o casamento. Foi necessário este "jogo" de palavras para dar alguma coerência ao incoerente e inútil instituto da separação judicial.*[6] Como refere Cristiano Chaves de Farias: *É evidente a dificuldade conceitual existente em compreender, com precisão, o caráter dualista do sistema de dissolução matrimonial. Não há justificativa lógica em terminar e não dissolver um casamento. Escapa à razoabilidade e viola a própria operabilidade do sistema jurídico.*[7]

As restrições iniciais eram enormes. A dissolução do vínculo conjugal era autorizada uma única vez (LD 38). O divórcio direto era possível exclusivamente em caráter emergencial, tanto que previsto nas disposições finais e transitórias (LD 40). Nitidamente, a intenção era admitir o divórcio somente para aqueles que já se encontravam separados quando da Emenda da Constituição. Era necessário o atendimento cumulativo de três pressupostos: (a) estarem separados de fato há cinco anos; (b) ter esse prazo sido implementado antes da alteração constitucional; e (c) ser comprovada a causa da separação.

Mais uma vez foi a jurisprudência que, aos poucos, emprestou interpretação mais elástica a esses dispositivos legais.

---

5. Paula Maria Tecles Lara, Comentários à Emenda Constitucional n. 66/2010.
6. Rodrigo da Cunha Pereira, A Emenda Constitucional n. 66/2010...
7. Cristiano Chaves de Farias e Nelson Rosenvald, Curso de direito civil – Famílias, 282.

E, não teve jeito, os avanços foram de tal ordem que obrigaram a **Constituição de 1988** a institucionalizar o divórcio direto, perdendo o caráter de excepcionalidade. Para sua concessão houve a redução do prazo de separação de fato para dois anos, além de ter sido afastada a necessidade de identificação de uma causa (CF 226 § 6.º). *Com a Constituição de 1988 o indivíduo passou a ser mais importante do que seu próprio patrimônio, sendo assim eliminado o caráter obstaculizador da separação, deixando ela de ser necessária para a obtenção do divórcio e perdendo significativamente sua relevância no ordenamento jurídico, já que passou a não ser elemento obrigatório para se dissolver a sociedade e vínculo conjugal. Assim, a Lei Maior de 1988 aboliu o caráter patrimonialista da separação, importando-se muito mais com a dignidade da pessoa dos cônjuges, ao possibilitar, inclusive, o divórcio direto, respeitando o princípio da autodeterminação e da deterioração factual.*[8]

Ainda assim sobreviveu a separação, instituto que guarda em suas entranhas a marca de um conservadorismo injustificável. *Esse anacrônico instituto era, muito mais, resíduo histórico da interferência religiosa na vida privada brasileira. Na Colônia e no Império, a família era regida pelo direito canônico, que apenas admite a separação de corpos, sem dissolução do casamento.*[9]

A condição de separado correspondia a um limbo: a pessoa não estava mais casada, mas não podia casar de novo. Era o chamado *divórcio de cama e mesa*, que interrompia a relação, mas mantinha o vínculo conjugal.[10] *A separação judicial criava uma situação interessante: o casal, a rigor, já não era mais um casal, mas os cônjuges continuavam presos um ao outro pelo vínculo do casamento, que não se rompia com*

---

8. Paula Maria Tecles Lara, Comentários à Emenda Constitucional n. 66/2010.
9. Paulo Lôbo, Separação era instituto anacrônico.
10. Dimas Messias de Carvalho, Divórcio judicial e administrativo, 2.

a sentença que decretasse a separação judicial. Isso exigia que, após a separação, e eventualmente superados possíveis dramas e traumas próprios do fim de um relacionamento, o casal se visse obrigado a se reencontrar para que fosse possível transformar o casamento em divórcio, reavivando, desnecessariamente, sofrimentos que já tinham sido vencidos.[11]

Além disso, inúmeras eram as limitações e os entraves impostos à concessão do divórcio. Algumas mudanças legislativas impostas pelos avanços jurisprudenciais amenizaram certos requisitos, mas a separação, ainda que consensual, só podia ser obtida depois de um ano do casamento. A separação litigiosa dependia da identificação de culpados, e somente o "inocente" tinha legitimidade para ingressar com a ação. Depois, era necessário aguardar um ano para converter a separação em divórcio. Já o divórcio direto estava condicionado ao prazo de dois anos da separação de fato. Todos esses artifícios visavam a desestimular o fim do casamento. *A moral condutora da manutenção deste arcaico sistema, assim como a da não facilitação do divórcio, é a preservação da família. Pensa-se que, se o Estado dificultar ou colocar empecilhos, os cônjuges poderão repensar e não se divorciar; ou, se apenas se separarem, poderão se arrepender e restabelecer o vínculo conjugal.*[12]

A possibilidade de divórcio levou à construção do mito dos "Anos Dourados" do casamento, um instituto puro, de compromisso duradouro, santificado por Deus e pelo Estado. Mas, como todos os mitos, esse também mascarava uma realidade bem mais variada e turbulenta.[13]

Demorou para se desmistificar o temor de que o divórcio iria acabar com o casamento e com a família. Foi difícil admitir

---

11. Arnoldo Camanho de Assis, EC n. 66/10: a emenda constitucional do casamento.
12. Rodrigo da Cunha Pereira, A Emenda Constitucional n. 66/2010:...
13. Martha Nussbaum, From disgust to humanity..., 133.

ser desnecessária a prévia separação judicial e sua posterior conversão em divórcio. Se, em um primeiro momento, para facilitar a aprovação da Lei do Divórcio, foi útil e quiçá necessária esta artimanha, deixaram de existir razões para manter dupla via para pôr fim ao matrimônio. Decorridos mais de 30 anos de sua vigência, ninguém duvida que estava mais do que na hora de acabar com a duplicidade de instrumentos para a obtenção do divórcio.

O legislador foi sensível à necessidade de desafogar a justiça e simplificar o procedimento para dissolver o casamento. O primeiro passo para limitar o intervencionismo do Estado nos vínculos afetivos foi a possibilidade de a separação e o divórcio consensual serem levados a efeito na via administrativa por meio de **escritura pública** perante o tabelião (CPC 1.124-A). Para isso, além de haver consenso entre os cônjuges, indispensável que não existam filhos menores ou incapazes. Ainda assim, os cônjuges precisam ser assistidos por advogado.

Depois deste passo, nada mais justificava que a separação e o divórcio continuassem a exigir a participação do Poder Judiciário. Principalmente quando o casamento termina de forma consensual, dispensável que sua dissolução dependa da chancela do juiz com a audiência das partes. Facilitar os procedimentos abrevia o sofrimento daqueles que desejam buscar em novos relacionamentos a construção de uma nova família. Afinal, *o desamor antecede ao divórcio. Existindo afeto, nenhum dos cônjuges pensará em se divorciar. Não existindo, o divórcio será o caminho único e natural. Quanto mais rápido percorrido este caminho, menos traumatizante será.*[14]

Por isso foi tão festejada a Emenda Constitucional 66/2010, que deu nova redação ao § 6.º do art. 226 da CF. Com um só

---

14. Newton Teixeira Carvalho, O fim da separação no ordenamento jurídico brasileiro.

golpe alterou o paradigma de todo o Direito das Famílias, pois fez desaparecer a separação judicial, eliminou prazos e a perquirição das causas da dissolução da sociedade conjugal. Além disso, *sepultou a esdrúxula dicotomia, de nenhuma compreensão perante os jurisdicionados, da existência de dissolução da sociedade conjugal, através da separação, e dissolução do vínculo matrimonial, através do divórcio.*[15]

A expressão "na forma da lei", que constava no texto originário da Proposta de Emenda Constitucional, foi excluída, evidenciando não ser necessária qualquer regulamentação via lei ordinária para a alteração produzir efeitos imediatos. A supressão foi aplaudida pela doutrina: *Aprovar uma emenda simplificadora do divórcio com o adendo "na forma da lei" poderia resultar em um indevido espaço de liberdade normativa infraconstitucional, permitindo interpretações equivocadas e retrógradas, justamente o que a proposta quer impedir. Melhor, portanto, a sintética redação atual.*[16] Por certo, o texto resultante ficou mais adequado ao espírito da proposta, particularmente no que concerne à remissão à lei infraconstitucional. *A norma passou a ter eficácia imediata e direta – e não contida –, sem os riscos de limitações que poderiam advir de lei ordinária, inclusive com a reintrodução dos requisitos subjetivos (culpa) ou até mesmo de prévia separação judicial, o que configuraria verdadeira fraude à Constituição.*[17]

Alerta José Fernando Simão que a *Emenda Constitucional não altera o conceito ou a existência de uma sociedade conjugal, mas muda apenas a forma de sua extinção. Ao se casar, surgem a sociedade conjugal e o vínculo. Contudo, se antes era possível terminar-se com a sociedade, mas manter-se o vínculo, atualmente,*

---

15. Ob. cit.
16. Pablo Stolze Gagliano e Rodolfo Pamplona Filho, O novo divórcio, 54.
17. Paulo Lôbo, A PEC do divórcio:..., 11.

a sociedade conjugal e o vínculo terminam simultaneamente com o divórcio.[18]

A dissolução do casamento sem a necessidade do implemento de prazos ou identificação de culpados tem também um efeito simbólico. Deixa o Estado de imiscuir-se na vida das pessoas, tentando impor a mantença de vínculos jurídicos quando não mais existem vínculos afetivos. Como bem refere Paulo Lôbo, *a sobrevivência da separação judicial era de palmar inocuidade, além de aberto confronto com os valores que a Constituição passou a exprimir, expurgando os resíduos de quantum despótico: liberdade e autonomia sem interferência estatal.*[19]

Qualquer dos cônjuges pode buscar o divórcio, sem precisar declinar motivos, provar causas ou aguardar prazos. *Trata-se de norma constitucional de eficácia plena, que, exatamente por isso, torna desnecessária a edição de qualquer ato normativo de categoria infraconstitucional para que possa produzir efeitos imediatos.*[20]

Atualmente o sistema jurídico conta com uma única forma de dissolução do casamento: o divórcio. O instituto da separação judicial simplesmente desapareceu. Com o fim da separação toda a teoria da culpa para o decreto do fim do casamento esvaiu-se, e não mais é possível trazer para o âmbito da justiça qualquer controvérsia sobre a postura dos cônjuges durante o casamento.[21] Como afirma Paulo Lôbo, a manutenção da separação judicial contraria os fins sociais e confronta os novos valores que a Constituição passou a exprimir em

---

18. José Fernando Simão, A PEC do divórcio:...
19. Paulo Lôbo, Divórcio: alteração constitucional e suas consequências.
20. Arnoldo Camanho de Assis, Questões práticas sobre a repercussão da EC n. 66/2010 nos processos em andamento.
21. Gladys Maluf Chamma Amaral Salles, A PEC do divórcio e a discussão da culpa.

sua evolução.[22] O instituto da culpa não remanesce nem mais no âmbito da anulação do casamento, na quantificação dos alimentos, nem em sede do direito sucessório.

Igualmente desapareceu o desarrazoado período de tempo em que as pessoas não são mais casadas, mas não podem casar novamente. Precisavam antes converter a separação em divórcio. Essa era a insustentável situação dos separados judicialmente. O casamento estava rompido, mas não tinha acabado, apesar de não mais persistirem os deveres matrimoniais. Como não podiam casar, precisavam viver em união estável. E, enquanto não dissolvido o vínculo conjugal, não havia como atender à recomendação constitucional de transformar a união estável em casamento (CF 226 § 3.º). Entre os dois preceitos havia um nítido conflito. O certo é que *o fim do casamento não é fruto da irreflexão, mas epílogo do desgaste continuado ou do erro de escolha do cônjuge, de nada servindo prolongar esse sofrimento por imposição do Estado.*[23]

---

22. Paulo Lôbo, Divórcio: alteração constitucional e suas consequências.
23. Paulo Lôbo, Separação era instituto anacrônico.

3
RESISTÊNCIAS DOUTRINÁRIAS E JURISPRUDENCIAIS

Como toda novidade assusta, não faltaram vozes contrárias à mudança provocada pela Emenda Constitucional. Alguns focos de resistência ainda teimosamente persistem.

3.1 As diversas posições doutrinárias

A alegação mais recorrente, de que a mudança não seria autoaplicável e não poderia ser implementada antes de regulamentada pela lei ordinária, tem poucos adeptos.[1] Mas surgiram também posições singulares. Mesmo diante da reforma, persistiria a possibilidade da separação, quando esta fosse a vontade de ambos os cônjuges.[2] Pelo jeito, somente a separação consensual sobreviveria; a litigiosa, não. Ainda assim o instituto da culpa se esvairia. Por outro lado, há quem reconheça o fim da separação, mas de forma paradoxal sustenta que remanesceria a possibilidade de perquirição da culpa, que teria migrado para o divórcio.[3] E há autores que afastam

---

1. Neste sentido: Daniel André Köhler Berthold, O divórcio ficou mais rápido?; Gilberto Schäfer, A Emenda Constitucional n. 66 e o divórcio no Brasil; Luiz Felipe Brasil Santos, Emenda do divórcio: cedo para comemorar; Sérgio Gischkow Pereira, Calma com a separação e o divórcio!; Walsir Edson Rodrigues Júnior e Dierle Nunes, Emenda Constitucional 66 e a possibilidade jurídica do pedido de separação judicial e de separação extrajudicial.
2. Karin Regina Rick Rosa, Existe separação depois da Emenda Constitucional n. 66/10?
3. Neste sentido: Gladys Maluf Chamma Amaral Salles, A PEC do divórcio e a discussão da culpa; e Sáloa M. Neme da Silva, Discutindo o divórcio.

a identificação da culpa para a dissolução do casamento, mas afirmam persistir a identificação de culpados para autorizar a exclusão do nome[4] e para quantificar os alimentos.[5]

A tendência mais generalizada entre os autores é adotar uma posição híbrida. Reconhecem a possibilidade do divórcio sem condicionamentos temporais, mas não emprestam à EC 66/2010 eficácia desconstitutiva da separação, pelo só fato de não ter havido alteração na legislação infraconstitucional. É o que afirma Sérgio Gischkow Pereira: *A Constituição Federal não tratava da separação judicial, mas somente do divórcio. A separação judicial apenas foi elidida como exigência para o divórcio, mas permanece no sistema brasileiro, enquanto não revogado o Código Civil. Muitos pensam assim. A Constituição fala que o casamento é dissolvido pelo divórcio; ora, a separação não dissolve casamento, mas sim a sociedade conjugal. Alguns asseveram que ela é inútil. Não é bem assim. Desde que não atrapalhe o divórcio, pode continuar no Código Civil. A verdade é que pode ser o único caminho para aqueles cuja religião não admite o divórcio.*[6]

Esta também é a posição de Gilberto Schäfer, mas por distinta linha de argumentação: *Retirar do Texto Constitucional não significa revogação, especialmente quando a matéria está regulada no plano ordinário. E este é justamente o ponto pelo qual não se demonstra a existência de uma revogação.*[7]

---

4. Neste sentido: Arnoldo Camanho de Assis, Questões práticas sobre a repercussão da EC n. 66/2010 nos processos em andamento; e Pablo Stolze Gagliano, A nova emenda do divórcio: primeiras reflexões.
5. Neste sentido: José Fernando Simão, A PEC do divórcio...; Marco Túlio Murano Garcia, Las Vegas é aqui!; Arnoldo Camanho de Assis, Questões práticas sobre a repercussão da EC n. 66/2010 nos processos em andamento.
6. Sérgio Gischkow Pereira, Calma com a separação e o divórcio!
7. Gilberto Schäfer, A Emenda Constitucional n. 66 e o divórcio no Brasil.

À alegação de que a alteração do § 6.º do art. 226 da Constituição não teria excluído expressamente a separação judicial, responde Paulo Lôbo: *Esse entendimento somente poderia prosperar se arrancasse apenas da interpretação literal, desprezando-se as exigências de interpretação histórica, sistemática e teleológica da norma.*[8]

Outra não é a posição de Zeno Veloso: *Numa interpretação histórica, sociológica, finalística, teleológica do texto constitucional, diante da nova redação do art. 226, § 6.º, da Carta Magna, sou levado a concluir que a separação judicial ou por escritura pública foi figura abolida em nosso direito, restando o divórcio que, ao mesmo tempo, rompe a sociedade conjugal e extingue o vínculo matrimonial.*[9]

É bom não esquecer que a Constituição Federal ocupa o ápice do ordenamento jurídico. Assim, a alteração superveniente de seu texto enseja a automática revogação da legislação infraconstitucional incompatível. Neste sentido já se manifestou o Supremo Tribunal Federal: *A Constituição sobrevinda não torna inconstitucionais leis anteriores com ela conflitantes: revoga-as. Pelo fato de ser superior, a Constituição não deixa de produzir efeitos revogatórios. Seria ilógico que a lei fundamental, por ser suprema, não revogasse, ao ser promulgada, leis ordinárias. A lei maior valeria menos que lei ordinária. Reafirmação da antiga jurisprudência do STF, mais que cinquentenária.*[10]

Como foi mantido o verbo "pode" no texto constitucional, autores sustentam que não teria desaparecido o instituto da separação judicial, persistindo a possibilidade de os cônjuges buscarem sua concessão pelo só fato de continuarem na lei civil os dispositivos que a regulam. A conclusão é para lá

---

8. Paulo Lôbo, Divórcio: alteração constitucional e suas consequências.
9. Zeno Veloso, O novo divórcio e o que restou do passado.
10. STF, ADI 2/DF, Rel. Min. Paulo Brossard, j. 21/11/1997.

de absurda. Cabe lembrar que, quando do advento da Constituição Federal, consagrando a igualdade entre o homem e a mulher (arts. 5.º I e 226 5.º) e proibindo quaisquer designações discriminatórias relativas à filiação (art. 227 § 6.º), foi uníssona a conclusão de que estavam derrogadas as normas da legislação infraconstitucional que admitiam a anulação do casamento pelo desvirginamento desconhecido do marido, bem como a mantença da posição do homem como cabeça do casal e chefe da sociedade conjugal. Também ninguém duvidou que havia acabado o tratamento diferenciado concedido aos filhos ilegítimos pela lei civil. E, até o advento do atual Código Civil, que data do ano de 2002, estes e muitos outros dispositivos da legislação infraconstitucional permaneceram sem qualquer eficácia, pois esvaziados de sentido pela nova ordem constitucional.

Não se pode sequer alegar que exista um direito subjetivo à separação como via de acesso ao divórcio. *Em uma perspectiva pragmática, é possível concluir que um dos cônjuges não pode retardar o divórcio, "preferindo" ingressar primeiro com a separação tão somente para retardar o fim do vínculo.*[11]

Outra tentativa de não ver o novo é sustentar a necessidade de manter a odiosa identificação de um culpado para o decreto da separação, porque a quantificação do valor dos alimentos está condicionada à culpa de quem os pleiteia (CC 1.694 § 2.º). No entanto, tal redutor estaria restrito ao âmbito dos alimentos, estando revogados os arts. 1.702 e 1.704 da lei civil. Mas tal possibilidade de questionamento de forma alguma poderia inibir a concessão do divórcio.

Um argumento derradeiro de quem quer assegurar sobrevida à separação: havendo arrependimento, a necessidade

---

11. Paulo Hermano Soares Ribeiro, Análise preliminar da EC n. 66/10 e seus reflexos no divórcio por escritura pública.

de ocorrer novo casamento obrigaria à partilha dos bens do casamento anterior sob pena de ser imposto o regime da separação obrigatória (CC 1.523 III e 1.641 I). Mais uma vez a resistência não convence. Havendo dúvidas ou a necessidade de um prazo de reflexão, tanto a separação de fato como a separação de corpos preservam o interesse do casal. Qualquer dessas providências suspende os deveres do casamento e termina com a comunicabilidade dos bens. A separação de corpos, inclusive, pode ser levada a efeito de modo consensual por meio de escritura pública. E, ocorrendo a reconciliação, tudo volta a ser como era antes. Não há sequer a necessidade de revogar a separação de corpos chancelada judicial ou extrajudicialmente. O único efeito – aliás, bastante salutar – é que os bens adquiridos e as dívidas contraídas durante o período da separação não se comunicam, a não ser que o par convencione de modo diferente.[12]

O argumento de quem não tem argumentos é que se estaria fragilizando a família e banalizando o casamento. A esta observação, que de jurídica nada tem, respondeu Pablo Stolze: *E não se conclua, a partir disso, que se esteja fortalecendo uma política inconsequente de banalização do casamento. De forma alguma. O que se quis, em verdade, por meio da aprovação da recente Emenda do Divórcio, é permitir a obtenção menos burocrática da dissolução do casamento, facultando, assim, que outros arranjos familiares fossem formados, na perspectiva da felicidade de cada um. Pois sem amor e felicidade não há por que se manter um casamento.*[13] Certamente ninguém acredita que alguém vai casar simplesmente porque ficou mais fácil se separar. Ora, quem está feliz não vai se divorciar somente porque agora o procedimento é mais rápido. Ao contrário, houve significati-

---

12. Maria Berenice Dias, Manual de direito das famílias, 302.
13. Pablo Stolze, A nova emenda do divórcio:...

vo aumento do número de casamentos, pois a tendência é as pessoas oficializarem suas uniões, o que estava sendo evitado pelos entraves legais à sua dissolução.

A novidade também gera questionamento sobre a necessidade de ser assegurado ao casal um tempo de reflexão antes de dissolver o casamento. O temor é de que o não estabelecimento de prazo pode conduzir a divórcios impensados sem haver a possibilidade de o casal retomar o casamento. Sobre esta preocupação questiona Pablo Stolze: *Caberia uma outra pergunta: é mesmo dever do Estado estabelecer um prazo de reflexão? Se a decisão de divórcio é estritamente do casal, não violaria o princípio da intervenção mínima do Direito de Família o estabelecimento coercitivo de um período mínimo de separação de fato? E que período seria este? Um ano? Por que dois?*[14]

Desde que a Justiça emprestou à separação de fato todos os efeitos da separação judicial que retroage à data da separação de corpos (LD 8.º), nenhum significado tinha mais sua mantença no panorama jurídico. Com o seu fim desaparece qualquer possibilidade de serem questionadas as causas da separação, não mais havendo a possibilidade de ser identificada a culpa de um ou de ambos os cônjuges. Caíram por terra todas as tentativas da lei de amarrar as pessoas dentro do casamento, não havendo mais a exigência da identificação de causas, a imposição de culpas ou a espera do decurso de prazos.

Como a culpa foi banida para a decretação do fim do casamento, não persiste a possibilidade de ser questionada em sede de anulação de casamento, hipótese em que se discute não a postura dos cônjuges durante a vida em comum, mas a boa-fé antes da celebração das núpcias.

Para sustentar posição contra a eficácia imediata da reforma, enquanto não houver regulamentação em sede in-

---

14. Ob. cit.

fraconstitucional, Luiz Felipe Brasil Santos traz uma linha de argumentação singular. Afirma que a Emenda Constitucional seria inconstitucional, chamando-a de "lei constitucional". Também traz a distinção entre constitucionalidade formal e material: *Atente-se que qualquer norma será formalmente constitucional pelo só fato de constar na Constituição Federal. Porém, nem todas as normas formalmente constitucionais são também materialmente constitucionais. Os dispositivos apenas formalmente constitucionais são denominados por alguns autores de lei constitucional. São regras que, por sua natureza, não precisariam constar da Constituição, mas lá são colocadas por razões de simples conveniência política. É como se fosse uma lei inserida no corpo da Constituição. Uma lei travestida de Constituição. É esse exatamente o caso do texto modificado pela EC n. 66/2010.* Partindo desta premissa sustenta: *A eliminação da referência constitucional aos requisitos para a obtenção do divórcio não significa que aquelas condicionantes tenham sido automaticamente abolidas, mas apenas que, deixando de constar no texto da Constituição, e subsistindo exclusivamente na lei ordinária (Código Civil) – como permaneceram durante 40 anos, entre 1937 e 1977 –, está agora aberta a porta para que esta seja modificada. Tal modificação é imprescindível e, enquanto não ocorrer, o instituto da separação judicial continua existente, bem como os requisitos para a obtenção do divórcio. Tudo porque estão previstos em lei ordinária, que não deixou de ser constitucional.*[15]

Essa construção, no entanto, é bem rebatida por José Fernando Simão, que lembra que o desquite era um fim em si mesmo, pois inexistia a possibilidade da dissolução do casamento. Não se tratava de um passo para algo então inexistente: o divórcio. Com a mudança da Constituição

---

15. Luiz Felipe Brasil Santos, Anotações acerca das separações e divórcios extrajudiciais (Lei 11.441/07).

de 1934 para a de 1937, manteve-se a indissolubilidade do casamento. *Portanto, quem viesse a cogitar que o desquite fora abolido do sistema estaria realizando interpretação desprovida de lógica e técnica.*[16] Daí alegar o mesmo autor ser equivocada a lição da dita posição, eis que o que aconteceu em 2010 foi algo completamente diferente. *O valor constitucional mudou e a legislação infraconstitucional perdeu seu apoio jurídico. Não se trata de mudança de valor social, mas de valor jurídico!*[17]

3.2 Reflexos jurisprudenciais

A posição doutrinária sustentada pelo Des. Luiz Felipe Brasil, que integra a Câmara Especializada em Família do Tribunal de Justiça do Rio Grande do Sul, transformou aquela Corte na que revela maior resistência à mudança. Ainda que a maioria das decisões reconheça o fim de prazos e a desnecessidade de perquirições da culpa, a tendência ainda é pela mantença do instituto da separação, enquanto não alterada a legislação infraconstitucional.[18] Esta orientação vem sendo acolhida em outros julgamentos.[19] A alegação

---

16. José Fernando Simão, A PEC do divórcio..., 18.
17. Ob. loc. cit.
18. Divórcio direto, guarda e alimentos à filha menor. [...] Divórcio do casal decretado ante a comprovação da separação fática por período superior a dois anos. Requisito temporal, aliás, prescindível, face à nova redação do art. 226, § 6.º, da CF, com o advento da EC n. 66/2010. [...] Ação procedente, decisão confirmada. Apelação desprovida (TJRS, AC 70037359692, 8.ª C. Cív., Rel. Des. Luiz Ari Azambuja Ramos, j. 02/09/2010).
19. TJRS, AI 70039285457, 7.ª C. Cív., Rel. Des. Sérgio Fernando de Vasconcellos Chaves, j. 29/10/2010; TJRS, AI 70039476221, 8.ª C. Cív., Rel. Des. Luiz Felipe Brasil Santos, j. 13/01/2011; TJRS, AC 70039827159, 8.ª C. Cív., Rel. Des. Luiz Felipe Brasil Santos, j. 27/01/2011; TJRS, AI 70041298191, 7.ª C. Cív., Rel. Des. Sérgio Fernando de Vasconcellos Chaves, j. 18/02/2011; TJRS, AI

é que a Emenda Constitucional somente desconstitucionalizou a matéria,[20] mas a separação continua, com seus prazos, limites e condições, como única modalidade legal de extinção da sociedade conjugal, que não afeta o vínculo matrimonial.[21]

70038704821, 7.ª C. Cív., Rel. Des. André Luiz Planella Villarinho, j. 23/02/2011; TJRS, AC 70041223488, 8.ª C. Cív., Rel. Des. Luiz Felipe Brasil Santos, p. 08/04/2011; TJRS, AI 70041891110, 7.ª C. Cív., Rel. Des. Roberto Carvalho Fraga, j. 08/06/2011; TJRS, AC 70040278426, 7.ª C. Cív., Rel. Des. André Luiz Planella Villarinho, j. 29/06/2011.

20. A Emenda Constitucional n. 66 não revogou a legislação infraconstitucional, mas, tão somente, desconstitucionalizou a matéria, que continua regulada pelo Código Civil, notadamente em seu art. 1.580 e parágrafos, que estabelece os limites e as condições para o ingresso da ação de divórcio. Possibilidade de emenda da inicial, a fim de que o autor esclareça acerca do preenchimento dos requisitos legais para a obtenção do divórcio, ou, então, do seu interesse no prosseguimento do feito como ação de separação judicial contenciosa. Agravo de instrumento parcialmente provido (TJRS, AI 70038704821, 7.ª C. Cív., Rel. Des. André Luiz Planella Villarinho, j. 23/02/2011).

21. A Emenda Constitucional n. 66 limitou-se a admitir a possibilidade de concessão de divórcio direto para dissolver o casamento, afastando a exigência, no plano constitucional, da prévia separação judicial e do requisito temporal de separação fática. 2. Essa disposição constitucional evidentemente não retirou do ordenamento jurídico a legislação infraconstitucional, que continua regulando tanto a dissolução do casamento como da sociedade conjugal e estabelecendo limites e condições, permanecendo em vigor todas as disposições legais que regulamentam a separação judicial, como sendo a única modalidade legal de extinção da sociedade conjugal, que não afeta o vínculo matrimonial. 3. Somente com a modificação da legislação infraconstitucional é que a exigência relativa aos prazos legais poderá ser afastada. Recurso provido (TJRS, AI 70039285457, 7.ª C. Cív., Rel. Des. Sérgio Fernando de Vasconcellos Chaves, j. 29/10/2010). No mesmo sentido: TJRS, AI 70041298191, 7.ª C. Cív., Rel. Des. Sérgio Fernando de Vasconcellos Chaves, j. 18/02/2011.

Ainda assim é reconhecida a eficácia plena e aplicação imediata da EC 66/2010, sem necessidade de regulamentação infraconstitucional,[22] ou emenda da inicial.[23] Esta a orientação que tem prevalecido.[24]

Por isso foi reconhecida como *extra petita* a decisão que transformou a ação de separação consensual em divórcio,[25] sendo indispensável a concordância da parte autora.[26]

---

22. Agravo de instrumento. Ação de divórcio. Emenda da inicial. Descabimento. Aplicação da Emenda Constitucional n. 66/2010. A Emenda Constitucional n. 66/2010 deu nova redação ao § 6.º do art. 226 da Constituição Federal, estabelecendo que "o casamento civil pode ser dissolvido pelo divórcio", suprimindo os requisitos de prévia separação judicial por mais de um ano ou de separação de fato por mais de dois anos. Possibilidade de dissolução do casamento pelo divórcio independente de prazo de separação prévia do casal. Agravo de instrumento provido, de plano (TJRS, AI 70043511757, 7.ª C. Cív., Rel. Des. Jorge Luís Dall Agnol, j. 28/06/2011).
23. Apelação cível. Família. Casamento. Divórcio direto consensual. Aplicação imediata da Emenda Constitucional n. 66/2010. Possibilidade. Desnecessidade de emenda à inicial. Norma de eficácia plena e imediata, sendo desnecessária regulamentação por legislação infraconstitucional. Apelação provida (TJRS, AC 70041954355, 7.ª C. Cív., Rel. Des. Roberto Carvalho Fraga, j. 27/07/2011).
24. Ação de divórcio. Aplicação da Emenda Constitucional n. 66/2010. A Emenda Constitucional n. 66/2010 deu nova redação ao § 6.º do art. 226 da Constituição Federal, estabelecendo que "o casamento civil pode ser dissolvido pelo divórcio", suprimindo os requisitos de prévia separação judicial por mais de um ano ou de separação de fato por mais de dois anos. Possibilidade de dissolução do casamento pelo divórcio independente de prazo de separação prévia do casal. Apelação provida (TJRS, AC 70043000603, 7.ª C. Cív., Rel. Des. Roberto Carvalho Fraga, j. 23/01/2012).
25. Apelação cível. Ação de separação consensual. Pedido transformado, de ofício, na sentença, em divórcio. Sentença *extra petita*. A Emenda Constitucional n. 66 não revogou a legislação infraconstitucional, mas, tão somente, desconstitucionalizou a matéria, que continua regulada pelo Código Civil, notadamente em seu art. 1.580 e parágrafos, que estabelece os limites e as condições para o ingresso da ação de

Não só a Justiça gaúcha resiste em enterrar a separação. Apesar de o Tribunal de Justiça de Minas Gerais ser o mais progressista neste tema, há decisões que reconhecem que continuam vigorando e tendo aplicabilidade as disposições relativas à separação,[27] havendo inclusive necessidade de serem adimplidos os prazos legais para a conversão em divórcio.[28]

---

     divórcio. Instituto e regramentos da separação, contidos no Código Civil, permanecem em vigor, sendo *extra petita* a sentença que, de ofício, transforma o pedido de separação consensual em divórcio. Sentença desconstituída, para prosseguimento da ação na forma do pedido dos autores. Apelação provida (TJRS, AC 70039826847, 7.ª C. Cív., Rel. Des. André Luiz Planella Villarinho, j. 29/06/2011).

26. Divórcio direto. Audiência de ratificação. Necessidade. A EC n. 66/10, que deu nova redação o art. 226, § 6.º, da CF, não importou em automática revogação da legislação infraconstitucional que regulamenta a matéria. Mesmo que se admitissem a revogação dos requisitos temporais do divórcio e a abolição do instituto da separação judicial – como sustentam muitos –, não ficam com isso revogados os dispositivos processuais aplicáveis ao pleito pela divorcista, como o que trata da necessária realização da audiência de ratificação. Deram provimento. Por maioria (TJRS, AC 70041223488, 8.ª C. Cív., Rel. Des. Luiz Felipe Brasil Santos, j. 08/04/2011).

27. Neste sentido: TJMG, AC 1.0011.10.000370-3/001, 7.ª C. Cív., Rel. Des. Wander Marotta, j. 26/11/2010; e TJMG, AC 0146684-81.2010.8.13.0105, 3.ª C. Cív., Rel. Des. Silas Rodrigues Vieira, j. 03/02/2011.

28. Apelação cível. Separação judicial. Emenda Constitucional n. 66/2010. Abolição do instituto. Inocorrência. Desconstitucionalização do tema. Liberdade de regulamentação pelo legislador ordinário. Divórcio. Decreto direto. Art. 1.580 do CC. Lapso temporal. Inobservância. Sentença reformada. A Emenda Constitucional n. 66/2010 não aboliu a separação judicial do ordenamento jurídico pátrio, limitando-se à desconstitucionalização do tema, conferindo ao legislador ordinário liberdade para sua regulamentação, em consonância com os reclamos da sociedade pós-moderna. Deve ser reformada a sentença que converte a ação de separação judicial em divórcio, sem observância do lapso temporal exigido pelo art. 1.580 do Código Civil (TJMG, AC 1.0028.10.001401-9/001, 2.ª C. Cív., Rel. Des. Roney Oliveira, j. 03/05/2011).

Também a Justiça do Espírito Santo já decidiu que o instituto da separação não foi suprimido pela Emenda Constitucional, cuja exposição de motivos não possui força normativa.[29]

---

29. Agravo de instrumento. 1) Ação de separação. Sentença homologatória de acordo. Parecer ministerial favorável. Advento da EC n. 66/2010. Interposição de apelação. Suposta impossibilidade jurídica do pedido. Inadmissibilidade na origem. 2) Advento da EC n. 66/2010. Ausência de manifestação dos tribunais. Cizânia doutrinária. 3) Legislador constituinte. Retirada do palco constitucional dos requisitos imprescindíveis à separação. Antigo anseio dos estudiosos. Separação judicial não suprimida do ordenamento. 4) Legislação infraconstitucional. Compatibilidade com a nova redação da CF/88. Dissolução da sociedade conjugal e do casamento civil. Distinção. 5) Liberdade ao legislador ordinário. 6) Considerações sobre o caso concreto. 7) Exposição de motivos. Ausência de força normativa. Recurso improvido. 1) Cuida-se de recurso aviado pelo Ministério Público contra o *decisum a quo* que não recebeu o recurso de apelação cível interposto pelo *Parquet* voltado à declaração de nulidade de sentença homologatória de separação judicial, por suposta impossibilidade jurídica do pedido por fato superveniente. 2) A matéria é absolutamente nova, eis que a Emenda Constitucional n. 66/2010 data de 13 de julho do corrente ano. Para além da ausência de manifestação dos tribunais, a doutrina derrama rios de tinta sobre a referida *quaestio iuris*, mas não há, evidentemente, orientação conclusiva. 3) O legislador constituinte apenas retirou da Constituição Federal pressupostos dantes imprescindíveis à separação, antigo anseio dos estudiosos do direito de família, com o escopo de propiciar liberdade legislativa ordinária. Não se suprimiu, por ora, o instituto da separação judicial do ordenamento jurídico, mas tão somente o requisito da prévia separação judicial por mais de 1 (um) ano ou de comprovada separação de fato por mais de 2 (dois) anos como antecedente lógico do divórcio. 4) O art. 1.571 do Código Civil – ao veicular que a sociedade conjugal termina pela separação judicial (inc. III) – não se mostra materialmente incompatível com a nova redação do § 6.º do art. 226 da Lei Maior. Disse ali o legislador constituinte que o casamento civil pode ser dissolvido pelo divórcio, o que não anula a possibilidade de findar a sociedade conjugal via separação judicial. A dissolução da sociedade conjugal faz cessar deveres de fidelidade, de coabitação e o regime de bens, mas não fulmina, decerto, o casamento civil. Daí não haver

Parece que alguns autores e julgadores olvidam que se tem de atentar ao prevalente interesse das partes: a significativa economia de tempo, dinheiro e desgaste emocional não só dos cônjuges, mas principalmente de sua prole. Não é difícil imaginar o efeito devastador quando um filho toma conhecimento de que um dos seus pais foi julgado culpado pela separação. A eliminação da possibilidade de se questionarem as causas do fim do casamento preserva o vínculo de convivência dos pais com sua prole. Certamente a identificação de um culpado leva o filho a repudiá-lo. E nada justifica embaralhar conjugalidade e parentalidade.

> incongruência lógico-material entre a manutenção da separação civil e a novel disposição constitucional. 5) Ao tolher do ambiente formal constitucional os referidos requisitos do divórcio e inclusive a menção à separação civil, abriu portas o legislador constituinte a que o Congresso Nacional, sob regime de tramitação mais benévolo, possa amadurecer a discussão acerca da manutenção (ou não) da separação judicial em nosso ordenamento jurídico. O quadro que hoje emana do ordenamento jurídico, todavia, evidencia que o instituto da separação judicial não foi suprimido pela Emenda Constitucional. 6) No caso concreto, se as partes almejaram categoricamente a separação consensual, mas sem divórcio imediato, não há impor a conversão do pedido em divórcio. *A fortiori* descabe falar-se em extinção do feito sem resolução de mérito por suposta impossibilidade jurídica do pedido ou mesmo em nulidade do acordo celebrado entre as partes, e com parecer opinativo favorável do *Parquet*, ainda que prolatado antes do advento da emenda. Irrelevante, no particular, o fato de o primeiro agravado, em sua contraminuta, pugnar pelo provimento do recurso se, em acordo judicial, posicionou-se, por liberalidade, pela separação, o que impede, gize-se, a posterior postulação do divórcio. 6) Malgrado vislumbre essa possível tendência a ser observada na pena do legislador ordinário, fato é que as exposições de motivos não possuem força normativa – muito menos vinculante –, servindo apenas como fonte exegética doutrinária. A norma não pode ser suprida pela exposição de motivos, e esta, aliás, igualmente não pode suprimir legislação ordinária. Recurso improvido (TJES, AI 24100920958, 3.ª C. Cív., Rel. Des. Eliana Junqueira Munhos, j. 07/04/2011).

Mister reconhecer que a resistência de alguns vai de encontro ao significativo avanço ocorrido, ao afastar a interferência estatal que, de modo injustificado, impunha que as pessoas se mantivessem casadas. Não há como negar que o instituto da separação judicial foi eliminado. Todos os dispositivos da legislação infraconstitucional a ele referentes restaram derrogados e não mais integram o sistema jurídico. Logo, não é possível buscar em juízo a decretação do rompimento da sociedade conjugal.

Mas há um fator que não pode ser desprezado: a significativa redução do volume de processos no âmbito do Poder Judiciário, a permitir que os juízes deem mais atenção ao invencível número de demandas que exigem rápidas soluções.

A dificuldade que ainda remanesce por parte de alguns talvez seja uma vã tentativa de garantir um nicho de mercado, pois houve redução na atuação dos advogados. A eliminação da fase instrutória reduz, em muito, a tramitação da demanda em juízo e a necessidade de uma única demanda também acarreta reflexos nos honorários advocatícios. Não é mais necessário o processo de separação, não cabe mais sua conversão em divórcio.

Assim, de todo injustificada a tentativa de manter o instituto da separação, marcadamente obsoleto, para o só propósito de garantir aos separandos a possibilidade de tornar sem efeito a separação. Em caso de arrependimento, tendo o casal se divorciado, o jeito é casar novamente, o que, além de mais prático e mais barato – já que a celebração é gratuita (CF 226 § 1.º) –, é mais romântico!

4
ALCANCES DA MUDANÇA

A singeleza do texto da Emenda Constitucional 66/2010, que deu nova redação ao § 6.º do art. 226 do Constituição Federal, ensejou interpretações várias, muitos aplausos e algumas críticas. Posições favoráveis e contrárias floresceram. Surgiram opiniões para todos os lados. Conclusão, ninguém sabia bem o que fazer! Os notários e registradores estavam temerosos de aplicar as novas regras por receio de descumprirem a lei. A grande maioria dos juízes, no entanto, optou por acabar com processos que tramitavam há longos anos, sem qualquer resultado prático, a não ser atender ao desejo de vingança de um do par. Implementadas as mudanças, não há como questionar a afirmativa de Paulo Lôbo: *O resultado da sobrevivência da separação judicial é de palmar inocuidade, além de aberto confronto com os valores que a Constituição passou a exprimir, expurgando os resíduos de quantum despótico: liberdade e autonomia sem interferência estatal.*[1]

Por força de modificação constitucional, ocorreu alteração da **base normativa do direito material**, mudança que exige adaptação ao novo sistema, sob pena de afronta ao próprio princípio do devido processo civil constitucional.[2] O fim do instituto da separação dispõe de eficácia imediata e nem necessita de regulamentação infraconstitucional. As questões essenciais do divórcio estão suficientemente contempladas na legislação civil existente. Nenhuma norma destinada à separação judicial

---
1. Paulo Lôbo, A PEC do divórcio: consequências jurídicas imediatas, 15.
2. Pablo Stolze Gagliano, A nova emenda do divórcio:...

ou à dissolução da sociedade conjugal pode ser aproveitada, porque foi revogada, em virtude de sua incompatibilidade com a dissolução do casamento pelo divórcio.[3]

Com o fim do instituto da separação algumas expressões foram sepultadas, como "separação judicial ou extrajudicial". Também não cabe mais falar em "separação-sanção", "separação-remédio" e "separação-ruptura". Do mesmo modo desapareceu a distinção entre "divórcio direto ou indireto".

Vários dispositivos do Código Civil simplesmente se encontram derrogados. Vários outros, que se encontram espalhados na legislação infraconstitucional, e que fazem referência à separação judicial, precisam ser reescritos.[4]

4.1 Na doutrina

Apesar das resistências de alguns, a doutrina amplamente majoritária sustenta, com razão, que acabou a separação judicial e, com ela, a exigência de prazos e a identificação de causas para a concessão do divórcio.[5]

---

3. Paulo Lôbo, Divórcio: alteração constitucional e suas consequências.
4. Referências constantes no anexo.
5. Neste sentido: Arnoldo Camanho de Assis, Questões práticas sobre a repercussão da EC n. 66/2010 nos processos em andamento; Caetano Lagrasta, Divórcio – O fim da separação e da culpa?; Dimas Messias de Carvalho, *Divórcio judicial e administrativo*; José Fernando Simão, A PEC do divórcio: a revolução do século em matéria de direito de família; Luiz Fernando Valladão Nogueira, O fim da separação; Marco Túlio Murano Garcia, Las Vegas é aqui!; Marianna Chaves, PEC do divórcio – Consagração da autonomia da vontade; Newton Teixeira Carvalho, O fim da separação no ordenamento jurídico brasileiro; Pablo Stolze Gagliano, A nova emenda do divórcio: primeiras reflexões; Paula Maria Tecles Lara, Comentários à Emenda Constitucional n. 66/2010; Paulo Lôbo, Divórcio: alteração constitucional e suas consequências; Paulo Hermano Soares Ribeiro, Análise preliminar da EC

Cristiano Chaves de Farias bem retrata a opinião majoritária: *Nada justificava a permanência de modalidades diversas para ultimar a vida em comum. Separação e divórcio sempre serviram a um só propósito: romper o casamento. Nunca foi aceita a opção do legislador de manter regras próprias para a separação judicial (instituindo sistema fechado, rígido e com causas específicas, discutindo culpa, saúde mental e falência do amor) e admitir o divórcio submetido a um único requisito objetivo: o tempo.* E conclui: *Mesmo vivendo a sociedade novo momento histórico, tão bem apreendido pela Constituição, que assegurou a liberdade e o respeito à dignidade, sempre se questionou a legitimidade do Estado para estabelecer restrições à vontade de romper o casamento.*[6]

Não é possível deixar de ler o novo texto constitucional sem atentar ao que antes estava escrito. A redação anterior do art. 226, § 6.º, da Constituição dizia: *O casamento civil pode ser dissolvido pelo divórcio, após prévia separação judicial por mais de um ano nos casos expressos em lei, ou comprovada separação de fato por mais de dois anos*. Ou seja, eram impostas restrições temporais à concessão do divórcio: (a) ter ocorrido a separação judicial há mais de um ano; ou (b) estarem os cônjuges separados de fato há pelo menos dois anos.

A atual redação diz: *O casamento civil pode ser dissolvido pelo divórcio*. Como o dispositivo assegura um direito fundamental, a teor do disposto no § 1.º do art. 5.º da Constituição Federal, sua aplicação é imediata.[7] Ou seja,

---

n. 66/10 e seus reflexos no divórcio por escritura pública; Rodrigo da Cunha Pereira, Divórcio responsável; Waldyr Grisard Filho, Divórcio express: uma mudança de vanguarda; Wilka Vilela, O divórcio e a nova redação.

6. Cristiano Chaves de Farias, Redesenhando os contornos da dissolução do casamento, 107.
7. Rodrigo da Cunha Pereira, A Emenda Constitucional 66/2010:..., 12.

desapareceu toda e qualquer restrição para a concessão do divórcio, que vem sendo chancelado sem prévia separação judicial e sem a necessidade do implemento de prazos ou imposição de culpa.

Não é sequer necessário que o instituto da separação seja expressamente excluído para se ter por sepultada de vez a inútil tentativa de restringir o divórcio. Não é preciso nem regulamentar a mudança levada a efeito, pois não se trata de nenhuma novidade, uma vez que o divórcio já se encontra disciplinado na lei civil. *A razão da legislação ordinária, no que se refere aos requisitos temporais para o divórcio, repousava na Constituição, que os exigia. Afastadas tais exigências, porque extirpadas do texto do § 6.º do art. 226 da CF/88, restant incoerentes as normas inferiores que as mantêm, e essa desconformidade conduz à sua inevitável revogação.*[8]

Na tentativa de barrar a implementação imediata da mudança, foram invocadas várias técnicas hermenêuticas. Mas, seja qual for o método interpretativo que se utilize, a *mens legislatoris* (intenção do legislador) ou as interpretações histórica, autêntica ou teleológica, não há como obstaculizar avanço que a sociedade já referendou. Basta lembrar os fins sociais que a alteração alcançou. *O exame da norma, buscando a complementaridade de diversos métodos interpretativos, conduz inevitavelmente a uma interpretação integralizadora que se resume na insubsistência da separação em nosso ordenamento.*[9] Ao depois, como bem refere Paulo Lôbo, *não se pode esquecer da antiga lição de, na dúvida, prevalecer a interpretação que melhor assegure os efeitos da norma, e não a que os suprima. Isso além da sua finalidade,*

---

8. Paulo Hermano Soares Ribeiro, Análise preliminar da EC n. 66/10 e seus reflexos no divórcio por escritura pública.
9. Ob. cit.

que, no caso da EC 66, é a de retirar a tutela do Estado sobre a decisão tomada pelo casal.[10]

Tanto a motivação que ensejou a elaboração do anteprojeto pelo IBDFAM, como a análise das justificativas apresentadas pelo relator, Deputado Sérgio Barradas Carneiro, evidenciam o alcance da mudança.[11] *Uma interpretação histórica, plausível diante da atualidade da mudança, apoiada nos pareceres e relatórios que levaram à aprovação da proposta de emenda à Constituição, revela que os argumentos utilizados são justamente a maturidade da sociedade brasileira para decidir sobre sua própria vida e o princípio da proporcionalidade. Ou seja, a finalidade era suprimir o requisito da separação como condição para o divórcio, o que na prática implica redução de custos e facilidade para os cônjuges que não mais desejam manter o vínculo matrimonial.*[12]

Mas há teorias outras para justificar a desnecessidade de impor a mantença do casamento quando este não é o desejo de um ou de ambos os cônjuges. *Baseado no paradigma do desamor, no qual ninguém é obrigado a viver com aquele que não ama e, por consequência, não é feliz, e não faz o outro feliz, é que se constrói o pensamento da extinção da culpa para a concretização da dissolução da sociedade conjugal. Assim surge a Teoria da Deterioração Factual, que é baseada na liberdade de escolha, no princípio da autodeterminação que os cônjuges possuem para decidir pela constituição, manutenção e extinção da entidade familiar. Essa teoria seria verdadeiro instrumento de proteção ao direito a uma vida digna, à vida privada, ao direito de liberdade e à intimidade. Na verdade, essa teoria vislumbra proteger todos esses direitos constitucionalmente previstos, aplicando o princípio*

---

10. Paulo Lôbo, Separação era instituto anacrônico.
11. Texto no anexo.
12. Karin Regina Rick Rosa, Existe separação depois da Emenda Constitucional n. 66/10?

da intervenção mínima do Estado na vida privada e nas relações pessoais dos cidadãos.[13]

Também cabe lembrar a **teoria da intervenção mínima**: *Em sua nova e moderna perspectiva, o Direito de Família, segundo o princípio da intervenção mínima, desapega-se de amarras anacrônicas do passado, para cunhar um sistema aberto e inclusivo, facilitador do reconhecimento de outras formas de arranjo familiar. O princípio da intervenção mínima do Estado na vida privada, e, melhor ainda, nas relações familiares, aliado ao da Deterioração Factual, servirão de base para a aplicação do Direito, em se tratando de dissolução do matrimônio.*[14]

A partir da EC 66/2010, a única modalidade de buscar o fim do casamento é o divórcio, que não mais exige a indicação da causa de pedir. Eventuais controvérsias referentes a motivos, culpa ou prazos deixam de integrar o objeto da demanda. Via de consequência, não subsiste sequer a necessidade do decurso de um ano do casamento para a obtenção do divórcio (CC 1.574).

O avanço foi significativo e para lá de salutar, pois atende ao princípio da liberdade e respeita a autonomia da vontade. *Ao lado da celeridade processual, a alteração resulta em economia às partes pela promoção de um só procedimento, privilegia o princípio da liberdade e o da autonomia da vontade e diminui o sofrimento dos cônjuges e filhos pelo fim do casamento. As questões patrimoniais podem, mas não precisam ser definidas nesse momento, já que é possível a obtenção do divórcio sem o prévio acertamento econômico entre partes.*[15]

---

13. Paula Maria Tecles Lara, Comentários à Emenda Constitucional n. 66/2010.
14. Pablo Stolze Gagliano, A nova emenda do divórcio: primeiras reflexões.
15. Waldyr Grisard Filho, Divórcio express: uma mudança de vanguarda.

As pessoas ainda casadas, separadas de fato ou de corpos; separadas judicial ou extrajudicialmente podem requerer a decretação do divórcio sem haver a necessidade de culpabilizar o outro ou aguardar o decurso de qualquer prazo. *A superação do dualismo legal repercute os valores da sociedade brasileira atual, evitando que a intimidade e a vida privada dos cônjuges e de suas famílias sejam reveladas e trazidas ao espaço público dos tribunais, com todo o caudal de constrangimento que provocam, contribuindo para o agravamento de suas crises e dificultando o entendimento necessário para a melhor solução dos problemas decorrentes da separação.*[16]

Pôr fim ao casamento é um direito constitucionalmente assegurado, pois livra os cônjuges da degradação de continuarem sendo infelizes.[17] E exigir novo procedimento – por meio de uma ação ou de uma escritura pública – para obter o divórcio era, no mínimo, perverso. A separação judicial tornou-se um instituto obsoleto. Tanto que foi abolido. A separação de fato e a separação de corpos produzem os mesmos efeitos que a separação judicial, não fazendo mais sentido sua permanência. O divórcio assumiu a tarefa de dissolver a sociedade conjugal independentemente da imposição de prazos, harmonizando-se assim com a progressiva caminhada da humanidade.[18] Como diz Maria Celina Bodin de Moraes, a relação de casamento é, juridicamente, uma relação simétrica e solúvel entre pessoas iguais. Se, por circunstâncias que não cabe ao direito investigar, não está ocorrendo o que se espera de uma relação conjugal, a solução é a sua dissolução. Assim, a separação do casal em virtude da ruptura da vida em comum é o único remédio razoável, servindo como meio apaziguador do conflito.[19]

---

16. Paulo Lôbo, Direito civil – Famílias, 127.
17. Rolf Madaleno, A infidelidade e o mito causal da separação, 55.
18. Ana Lúcia Pedroni, Dissolução do vínculo matrimonial..., 152.
19. Maria Celina Bodin de Moraes, Danos morais em família?..., 191.

A dualidade que existia sempre surpreendeu, pois gerava situações para lá de inusitadas: É *paradoxal constatar que pessoas separadas de fato e mesmo de direito, embora estejam impedidas de contrair novas núpcias, não estão, a contrario senso, proibidas de constituir uma união estável, tanto que o § 1.º do art. 1.723 do Código Civil identifica uma entidade familiar na união de conviventes, onde um deles ou mesmo ambos se mantenham ainda formalmente casados, mas fática ou legalmente separados. A simples dissimetria dos efeitos da separação judicial entre os civilmente casados em relação aos conviventes já convida a refletir melhor acerca da conveniência em ser mantida pela legislação brasileira a separação judicial, acrescida que foi da separação extrajudicial (Lei 11.441/2007) e com a possibilidade de ser discutida a culpa na separação judicial litigiosa.*[20]

Assim, por qualquer dos ângulos que se analise a mudança, invocando princípios, teorias ou técnicas hermenêuticas, nada justifica a resistência que persiste, ainda que tênue e cada vez mais rarefeita. Cabe trazer a jocosa comparação: *Culpar o acesso simplificado ao divórcio pela falência do casamento é o mesmo que culpar a invenção do avião pela sua utilização também como arma de guerra, numa inversão equivocada entre causa e efeito, como se, inexistente a possibilidade de divórcio regulamentar, os casamentos não seriam irregularmente desfeitos, como já foram no passado, pela anômala separação de fato, ou, de igual forma, querendo crer que sem o avião o homem não teria guerreado.*[21]

4.2 Na jurisprudência

Diante no novo, a tendência de alguns tribunais foi incorporar a novidade. Minas Gerais é o Estado onde existe um número

---

20. Rolf Madaleno, Curso de direito de família, 165.
21. Marco Túlio Murano Garcia, Las Vegas é aqui!

mais expressivo de decisões.²² Mas a novidade repercute em outros Estados. Assim, os Tribunais de Justiça do Distrito Federal,²³ São

---

22. TJMG, AC 2827525-48.2008.8.13.0105, 1.ª C. Cív., Rel. Des. Alberto Vilas Boas, j. 24/08/2010; TJMG, AC 2909347-80.2009.8.13.0313, 3.ª C. Cív., Rel. Des. Silas Rodrigues Vieira, j. 02/09/2010; TJMG, AC 1.0701.07.204997-9/001, 8.ª C. Cív., Rel. Des. Teresa Cristina da Cunha Peixoto, p. 14/09/2011; TJMG, AC 1787060-02.2009.8.13.0518, 1.ª C. Cív., Rel. Des. Alberto Vilas Boas, j. 28/09/2010; TJMG, AC 0003703-20.2010.8.13.0011, 7.ª C. Cív., Rel. Des. Wander Paulo Marotta Moreira, j. 09/11/2010; TJMG, AC 1.0011.10.000370-3/001, 7.ª C. Cív., Rel. Des. Wander Marotta, p. 26/11/2010; TJMG, AC 1.0210.09.062455-7/001, Rel. Des. Elias Camilo, j. 02/12/2010; TJMG, AC 0146684-81.2010.8.13.0105, 3.ª C. Cív., Rel. Des. Silas Rodrigues Vieira, j. 03/02/2011; TJMG, AC 1.0487.06.021825-1/001, 4.ª C. Cív., Rel. Des. Dárcio Lopardi Mendes, p. 07/02/2011; TJMG, AC 0002562-68.2010.8.13.0074, 7.ª C. Cív., Rel. Des. Wander Paulo Marotta Moreira, j. 08/02/2011; TJMG, AC 0024035-45.2005.8.13.0023, 1.ª C. Cív., Rel. Des. Alberto Vilas Boas, j. 08/02/2011; TJMG, AC 1.0042.07.021487-1/001, 5.ª C. Cív., Rel. Des. Mauro Soares de Freitas, p. 10/02/2011; TJMG, AC 1.0313.06.205550-1/001, 1.ª T., Rel. Des. Geraldo Augusto, p. 18/02/2011; TJMG, AC 1.0554.09.017308-5/001, 5.ª C. Cív., Rel. Des. Leite Praça, p. 02/05/2011; TJMG, AC 1.0028.10.001401-9/001, 2.ª C. Cív., Rel. Des. Roney Oliveira, p. 03/05/2011; TJMG, AC 1.0672.07.252689-6/001, 8.ª C. Cív., Rel. Des. Fernando Botelho, p. 11/05/2011; TJMG, AC 20090710344608, 5.ª T. Cív., Rel. João Egmont, j. 14/04/2011, DJ 13/05/2011; TJMG, AC 1.0079.05.225744-5/001, 8.ª C. Cív., Rel. Des. Bittencourt Marcondes, p. 30/05/2011; TJMG, AC 1.0024.08.014293-8/001, 1.ª C. Cív., Rel. Des. Armando Freire, p. 01/07/2011; TJMG, AC 1.0480.08.112169-5/001, 8.ª C. Cív., Rel. Des. Fernando Botelho, p. 03/08/2011; TJMG, AI 1.0382.11.000746-7/001, 6.ª C. Cív., Rel. Des. Antônio Sérvulo, p. 26/08/2011; TJMG, AC 1.0290.06.031140-1/001, 8.ª C. Cív., Rel. Des. Bitencourt Marcondes, Rel. p. ac. Des. Fernando Botelho, p. 31/08/2011; TJMG, AC 1.0210.09.061665-2/001, Rel. Des. Vieira de Brito, j. 21/10/2010; TJMG, Proc. 1.0456.05.033464-2/001(1), Rel. Des. Elias Camilo, j. 11/11/2010.
23. TJDF, AC 20100110642513, 6.ª T. Cív., Rel. Ana Maria Duarte Amarante Brito, j. 29/09/2010; TJDF, AC 20090710160215, 6.ª T. Cív.,

Paulo,[24] Santa Catarina,[25] Bahia,[26] Rondônia,[27] Espírito Santo[28] e Rio de Janeiro[29] concedem o divórcio independentemente de prazos. No Rio Grande do Sul, apesar de algumas resistências iniciais, consolidou-se o entendimento prestigiando a mudança,[30] passando a ser reconhecida inclusive monocraticamente.[31]

Rel. Des. Ana Maria Duarte Amarante Brito, j. 19/01/2011; TJDF, AC 2010061009243-6, 1.ª T. Cív, Rel. Des. Lecir Manoel da Cruz, p. 04/07/2011; TJDF, AC 568131, 20080110004768, 2ª T. Cív., Rel. Des. Sérgio Rocha, j. 29/02/2012.

24. TJSP, AI 990.10.357301-3, 8.ª C. Dir. Priv., Rel. Des. Caetano Lagrasta, j. 10/11/2010; TJSP, Proc. 011.09.118058-0, Juíza Daniela Maria Cilento Morsello, p. 23/03/2011.
25. TJSC, AC 2010.030837-8, Câmara Especial Regional de Chapecó, Rel. Des. Cesar Abreu, j. 18/10/2010, p. 05/11/2010.
26. TJBA, AC 0037057-3/2003, 5.ª C. Cív., Rel. Des. Emilio Salomão Pinto Reseda, j. 25/01/2011.
27. TJRO, AC 0002297-09.2010.8.22.0012, Rel. Des. Alexandre Miguel, j. 16/02/2011.
28. TJES, AC 24100103423, 4.ª C. Cív., Rel. Des. Maurílio Almeida de Abreu, p. 23/03/2011; TJES, AI 24100920958, 3.ª C. Cív., Rel. Des. Eliana Junqueira Munhos, p. 07/04/2011.
29. TJRO, AC 0002297-09.2010.8.22.0012, Rel. Des. Alexandre Miguel, j. 16/02/2011.
30. TJRS, AC 70037359692, 8.ª C. Cív., Rel. Des. Luiz Ari Azambuja Ramos, j. 02/09/2010; TJRS, AI 70039285457, 7.ª C. Cív., Rel. Sérgio Fernando de Vasconcellos Chaves, j. 29/10/2010; TJRS, AI 70039476221, 8.ª C. Cív., Rel. Luiz Felipe Brasil Santos, j. 13/01/2011; TJRS, AC 70039827159, 8.ª C. Cív., Rel. Luiz Felipe Brasil Santos, j. 27/01/2011; TJRS, AI 70041298191, 7.ª C. Cív., Rel. Sérgio Fernando de Vasconcellos Chaves, j. 18/02/2011; TJRS, AI 70038704821, 7.ª C. Cív., Rel. André Luiz Planella Villarinho, j. 23/02/2011; TJRS, AC 70041223488, 8.ª C. Cív., Rel. Des. Luiz Felipe Brasil Santos, p. 08/04/2011; TJRS, AI 70041891110, 7.ª C. Cív., Rel. Roberto Carvalho Fraga, j. 08/06/2011; TJRS, AC 70040278426, 7.ª C. Cív., Rel. André Luiz Planella Villarinho, j. 29/06/2011.
31. Este 4.º Grupo Cível uniformizou sua jurisprudência, para o fim de admitir que, com a entrada em vigor da EC n. 66, tornou-se viável decretar divórcio direto sem necessidade de prévia separação ou decurso

O próprio Superior Tribunal de Justiça já se manifestou neste sentido ao homologar sentença estrangeira de divórcio.[32]

---

de prazo. Apelo provido. Em monocrática (TJRS, AC 70044933570, 8.ª C. Cív., Rel. Des. Rui Portanova, j. 26/09/2011).
32. Homologação de sentença estrangeira. Dissolução de casamento. EC 66, de 2010. Disposições acerca da guarda, visitação e alimentos devidos aos filhos. Partilha de bens. Imóvel situado no Brasil. Decisão prolatada por autoridade judiciária brasileira. Ofensa à soberania nacional. 1. A sentença estrangeira encontra-se apta à homologação, quando atendidos os requisitos dos arts. 5.º e 6.º da Resolução STJ 9/2005: (I) a sua prolação por autoridade competente; (II) a devida ciência do réu nos autos da decisão homologanda; (III) o seu trânsito em julgado; (IV) a chancela consular brasileira acompanhada de tradução por tradutor oficial ou juramentado; (V) a ausência de ofensa à soberania ou à ordem pública. 2. A nova redação dada pela EC 66, de 2010, ao § 6.º do art. 226 da CF/88 tornou prescindível a comprovação do preenchimento do requisito temporal outrora previsto para fins de obtenção do divórcio. 3. Afronta à homologabilidade da sentença estrangeira de dissolução de casamento e ofensa à soberania nacional, nos termos do art. 6.º da Resolução 9, de 2005, ante a existência de decisão prolatada por autoridade judiciária brasileira a respeito das mesmas questões tratadas na sentença homologanda. 4. A exclusividade de jurisdição relativamente a imóveis situados no Brasil, prevista no art. 89, I, do CPC, afasta a homologação de sentença estrangeira na parte em que incluiu bem dessa natureza como ativo conjugal sujeito à partilha. 5. Pedido de homologação de sentença estrangeira parcialmente deferido, tão somente para os efeitos de dissolução do casamento e da partilha de bens do casal, com exclusão do imóvel situado no Brasil (STJ, SEC 5.302/EX, Corte Especial, Rel. Min. Nancy Andrighi, j. 12/05/2011, DJe 07/06/2011).

5
OS EFEITOS DA SEPARAÇÃO E DO DIVÓRCIO

Ainda que sepultado o instituto da separação, tal não apaga os seus efeitos. Ao menos quatro situações transitórias precisam ser consideradas em relação a quem estava separado judicial ou administrativamente quando da entrada em vigor da EC 66/2010: quanto ao estado civil de "separado"; a possibilidade de converter a separação em divórcio; se pode haver o restabelecimento do casamento; e se continuam tramitando os processos de separação em curso.[1]

Para tal, primeiro há a necessidade de se atentar às diferenças que ainda persistem entre separação e divórcio, principalmente em face dos efeitos das duas figuras jurídicas.

A sentença que decretava a separação produzia efeitos a partir de seu trânsito em julgado. É o que a Lei do Divórcio assegura. No entanto, a sentença dispunha de efeito retroativo, alcançando a separação cautelar (LD 8.º). Ou seja, os efeitos da sentença da separação judicial retroagiam à data da separação de corpos. Apesar de a sentença dispor de **eficácia desconstitutiva** – terminava a sociedade conjugal –, tal se operava desde a separação de corpos. Em face deste permissivo legal construiu-se uma firme jurisprudência emprestando à separação de corpos todos os demais efeitos do término da sociedade conjugal: romper com os deveres conjugais e pôr fim ao regime de bens. Além disso, havia a possibilidade de a separação de corpos ser transformada em divórcio (CC 1.580).

---
1. Rodrigo da Cunha Pereira, Divórcio responsável, 161.

Mas a jurisprudência foi além. Passou a atribuir à separação de fato os mesmos efeitos da separação judicial de romper o casamento. Com o fim da vida em comum não dá mais para exigir fidelidade nem se pode presumir que os bens adquiridos por um contaram com o esforço do outro. Não é possível reconhecer a comunicabilidade dos bens a partir da separação de fato, da separação de corpos ou da separação judicial. Todas têm o mesmo efeito de romper a sociedade conjugal. Esta posição foi cristalizada pelo STJ: Com efeito, a separação de fato faz cessar o dever de vida em comum, tanto que é possível a constituição de união estável antes da decisão judicial sobre a separação judicial ou divórcio. A toda evidência que, se é possível a constituição de outra união, é porque considerou o legislador o encerramento da pretérita.[2]

Este efeito retroativo concedido à sentença de separação judicial, à separação de corpos e até à separação de fato não se aplica ao divórcio. Isso porque o divórcio, para usar a distinção da lei, tem o condão de dissolver o vínculo conjugal, potencialidade que a separação – seja de que tipo for: judicial, de corpos ou de fato – não dispõe. Qualquer delas somente rompe a sociedade conjugal.

Ainda que o divórcio seja a única modalidade que atualmente existe para acabar com o casamento, não é possível emprestar-se efeito retroativo à sentença que decreta o divórcio para alcançar o período da separação de fato ou da separação de corpos. Caso houvesse tal possibilidade seria admissível a qualquer dos cônjuges casar depois de ter se afastado do lar – ou mesmo ter sido decretada a separação de corpos. Bastaria,

---

2. STJ, REsp 1065209/SP, 4.ª T., Rel. Min. João Otávio de Noronha, j. 08/06/2010, DJe 16/06/2010. No mesmo sentido: STJ, REsp 555.771/SP, 4.ª T., Rel. Min. Luís Felipe Salomão, j. 05/05/2009, DJe 18/05/2009; STJ, REsp 32.218/SP, 4.ª T., Rel. Min. Aldir Passarinho Junior, j. 17/05/2001, DJ 03/09/2001.

em momento posterior, obter o divórcio com referência ao primeiro casamento. Isso porque o eventual efeito retroativo da sentença de divórcio alcançaria o período da separação. Assim não haveria óbice algum a tal proceder nem poderia ser reconhecida a ocorrência de bigamia.

Diante da possibilidade retroativa assegurada à separação judicial (LD 8.º), equivoca-se o Código Civil ao estabelecer, como efeitos da sentença, a separação de corpos e a partilha de bens (CC 1.575): *A sentença de separação judicial importa a separação de corpos e a partilha de bens.* Não é esse o marco que põe fim à sociedade conjugal. É a ruptura fática da relação. Tais sequelas independem de ato sentencial, eis que a separação de fato, geralmente, antecede a propositura da ação de separação.

O indigitado dispositivo legal traz outro equívoco. Não é nem a separação de fato nem a separação de corpos que impõem a partilha de bens. É o fim da convivência que leva ao fim do regime de bens e não à partilha do patrimônio. Até porque a partilha de bens pode ser levada a efeito após o divórcio (CC 1.581). Talvez quisesse dizer o legislador – no que seria mais feliz – que é a separação de fato que põe fim ao que se chama de estado de **mancomunhão**. Se quis dizer, não disse, mas deveria ter dito. Agora, com o fim da separação, dito dispositivo legal resta esvaziado de conteúdo.

Mácula semelhante afeta o dispositivo seguinte (CC 1.576): *A separação judicial põe termo aos deveres de coabitação e fidelidade recíproca e ao regime de bens.* Mais uma vez errou o legislador. O fim dos deveres do casamento não decorriam da separação judicial, mas da separação de fato. Além disso, não está explicitado se era o momento em que a ação foi intentada, a data em que a sentença havia sido proferida ou o seu trânsito em julgado que liberava os cônjuges dos deveres matrimoniais. De qualquer modo, como os efeitos da sentença retroagiam à data da separação cautelar – inclusive o efeito de romper a sociedade conjugal –, de todo descabido que persistissem até o trânsito em julgado da sentença da separação judicial os deveres conjugais.

Mesmo com o fim do instituto da separação judicial, como este artigo se refere à separação de fato, não foi revogado. Merece somente ser reescrito: A separação de fato põe termo aos deveres de coabitação, fidelidade recíproca e ao regime de bens.

Quando decretada quer a separação de corpos, quer a judicial, ocorria a alteração do **estado civil** dos cônjuges, que passavam de casados para separados judicialmente. Com o fim da separação judicial ainda persistem os separados desfrutando do mesmo estado civil. Não há a alteração automática para o estado civil de divorciado.[3] *Aliás, este entendimento, a par de gerar grave insegurança jurídica, resultaria no desagradável equívoco de se pretender modificar uma situação jurídica consolidada segundo as normas vigentes à época da sua constituição, sem que tivesse havido manifestação de qualquer das partes envolvidas. Em outras palavras: a partir da entrada em vigor da Emenda Constitucional, as pessoas judicialmente separadas (por meio de sentença proferida ou escritura pública lavrada) não se tornariam imediatamente divorciadas, exigindo-se-lhes o necessário pedido de decretação do divórcio, para o que, por óbvio, não haveria mais a necessidade de cômputo de qualquer prazo. Respeita-se, com isso, o próprio ato jurídico perfeito.*[4]

Como a separação – judicial, de corpos ou de fato – não rompe o vínculo matrimonial, é possível o **restabelecimento do casamento** e o retorno à condição de casados (CC 1.577). No entanto, os separados estão impedidos de casar com outras

---

3. Newton Teixeira Carvalho, O fim da separação no ordenamento jurídico brasileiro.
4. Pablo Stolze Gagliano, A nova emenda do divórcio: primeiras reflexões.

pessoas. Ocorrendo a morte de um depois da separação, o sobrevivente assume a condição de viúvo. Essa conclusão tem uma justificativa lógica. Advindo a morte de um do par, não há a possibilidade de decretação do divórcio. Deste modo, é necessário reconhecer que a morte libera o separado para novo casamento. O mesmo não acontece quando ocorre o falecimento de um depois do divórcio. Os divorciados continuam sendo assim identificados mesmo depois da morte do ex-cônjuge. Afinal, o casamento já estava dissolvido.

6
REFLEXOS DA ALTERAÇÃO CONSTITUCIONAL

Historicamente sempre existiram duas formas de se obter a separação: por vontade de ambos os cônjuges ou por iniciativa de somente um deles. Quando mútua era a intenção de romper o casamento, não havia necessidade de declinar qualquer motivação para o decreto judicial de separação. Ainda que consensual, o casal precisava esperar o decurso de um ano da celebração das núpcias para pleitear a separação (CC 1.574). Mesmo que antes desse prazo tivesse acabado o vínculo afetivo, e o par não mais convivesse sob o mesmo teto, a lei, de forma aleatória e arbitrária, impingia a mantença do *status* de casado. Não se consegue identificar outro motivo para a negativa de referendar o desejo dos cônjuges, a não ser impor, de forma coacta, um período de reflexão ao casal, na esperança de que se arrependessem do impensado ato.

6.1 O fim da culpa

Quando somente um do par buscava a separação, era obrigado a comprovar a ruptura da vida em comum há mais de um ano ou a atribuir ao outro a culpa pelo fim da união (CC 1.572). Antes do decurso desse interstício, ou na ausência de motivo que pudesse ser imputado ao outro, negava-se o Estado em chancelar a vontade de um dos cônjuges. Deste modo, o único jeito de o "culpado" pleitear a separação era esperar o decurso de um ano da separação de fato.

E mais. Decretada a separação, era preciso aguardar um ano e volver a juízo para convertê-la em divórcio (CC 1.580 § 1.º). Já para a obtenção do divórcio direto, bastava aguardar o decurso do prazo de dois anos da separação de fato. Causas, motivos ou culpas não interessavam (CC 1.580 § 2.º).

Deste modo, para um dos cônjuges propor a ação de separação antes do decurso do prazo de um ano do casamento ou da separação de fato, necessitava imputar ao outro **conduta desonrosa** ou a prática de ato que importasse **grave violação dos deveres matrimoniais** (CC 1.566). Também deveria demonstrar que tais posturas tornaram insuportável a vida em comum (CC 1.572). Daí chamar-se **separação-sanção**, em face do seu caráter marcadamente punitivo e vingativo. Eram cumulativos os pressupostos para sua concessão: além da (a) descrição da conduta desonrosa do réu, era necessária (b) a identificação de qual dever do casamento tinha sido gravemente violado, bem como (c) a comprovação de que tal agir tornara insuportável a vida em comum, dentro de taxativo elenco legal (CC 1.573).

A indicação das causas, de forma tarifada, foi sepultada pela **Lei do Divórcio**, que exigia tão só a imputação de conduta desonrosa ou qualquer ato que importasse em grave violação dos deveres do casamento e tornasse insuportável a vida em comum (LD 5.º).

De forma para lá de injustificável o **Código Civil de 2002** ressuscitou o antigo rol de condutas do Código Civil de 1916, retrocesso que foi veementemente criticado pela doutrina. Não atentou o legislador que o sentimento de rejeição é de ordem subjetiva. Não há como delegar ao magistrado o encargo de avaliar se determinada atitude tornou o convívio inviável. De qualquer sorte, não é a prática dos atos elencados na lei que torna insuportável a vida a dois, mas o reflexo que o agir de um dos cônjuges causa no outro.

O fato é que só o cônjuge "inocente" podia propor a ação, apontando o réu como "culpado" e declinando os motivos do pedido de separação (CC 1.573): I – adultério; II – tentativa de morte; III – sevícia ou injúria grave; IV – abandono voluntário do lar conjugal, durante um ano contínuo; V – condenação por crime infamante; ou VI – conduta desonrosa. Esse elenco, no entanto, perdia totalmente o significado e assumia caráter meramente exemplificativo no momento em que era outorgada ao juiz a faculdade de considerar outros fatos que evidenciassem a impossibilidade da vida conjugal (CC 1.573 parágrafo único). Assim, de todo desnecessária e inútil a enumeração de condutas, pois meras consequências do único fato gerador de tais atitudes: o fim do afeto. Só é infiel, só abandona, só agride quem não ama. Portanto, é o fim do amor o único motivo da separação. E aquele que ainda ama – por vingança ou raiva – tem o desejo de buscar a punição de quem não o quer mais. Por isso pedia ao Judiciário a condenação do outro para que lhe fosse atribuída a pecha de culpado.

Como a própria ação judicial já evidenciava o rompimento do vínculo afetivo, a perquirição da causa da separação vinha perdendo prestígio. A dissolução da sociedade marital era chancelada sem se identificar a culpa de qualquer dos cônjuges. O fim do casamento era decretado independentemente da indicação de um responsável pelo insucesso da relação, seja porque é difícil atribuir a apenas um dos cônjuges a responsabilidade pelo fim do vínculo afetivo, seja porque é absolutamente indevida a intromissão da Justiça na intimidade da vida das pessoas.

O Estado não pode se opor e lhe cabe somente dar por findo o casamento. Ainda que a função estatal seja de assumir um papel protetor, não deve invadir a órbita individual do ser humano. Afinal, *não são normas jurídicas que determinam a manutenção do vínculo conjugal entre duas pessoas.*[1] A intervenção estatal viola o direito à privacidade e à intimidade, o que constitui afronta ao princípio da dignidade da pessoa humana,

---

1. Ezequiel Paulo Zanellato, O afeto como fator preponderante..., 52.

cânone maior da Constituição Federal. Desse modo, a ingerência determinada pela lei na vida dos cônjuges, obrigando um a revelar a intimidade do outro para que o juiz impusesse a pecha de culpado ao réu, era visivelmente inconstitucional. *Não tem sentido averiguar a culpa, com motivação de ordem íntima, psíquica, quando a conduta pode ser apenas sintoma do fim.*[2] Pablo Stolze não tem a menor dúvida em afirmar que se afigura mais adequada, justa e razoável a linha de pensamento que proscreve da seara familiarista a discussão do elemento subjetivo (culpa ou dolo).[3]

Mas a jurisprudência havia ido além. A ausência de prova da culpa não mais ensejava a improcedência da ação, resultado que criava situação absolutamente insustentável: manter casado quem se digladiou em uma ação, trocando acusações, expondo mágoas e revelando ressentimentos, o que, ao certo, só podia gerar mais desavenças.[4]

A evidenciar a total inutilidade da culpa, outro fundamento passou a ser invocado. Como era vedada qualquer referência à causa da separação na sentença de conversão da separação em divórcio (CC 1.580 § 1.º), de nada servia o desgaste das partes, a dilação probatória e o ônus imposto

---

2. Luiz Edson Fachin, Elementos críticos do direito de família, 179.
3. Pablo Stolze Gagliano e Rodolfo Pamplona Filho, O novo divórcio, 92.
4. Civil e processual civil. Separação judicial. [...] 2. Requerida a separação judicial com fundamento na existência de culpa, é possível ser decretada a separação do casal sem imputação de causa a nenhuma das partes quando não restarem devidamente comprovados os motivos apresentados, mas ficar patente a insustentabilidade da vida em comum. 3. Em razão da ausência de consenso entre as partes, a partilha dos bens não pode ser realizada na sentença que julgou a ação de separação, devendo ser adotado o procedimento determinado pelo § 1.º do art. 1.121 do Código de Processo Civil. 4. Recurso especial parcialmente conhecido e provido (STJ, REsp 886744/MG, 4.ª T., Rel. Min. João Otávio de Noronha, p. 11/02/2010).

ao Judiciário. Assim, o estigma de culpado durava pouco tempo, no máximo, um ano. Desaparecia quando a separação era transformada em divórcio. Ou seja, antes de um ano da separação de fato, era necessário apontar culpados. Depois disso, a culpa perdia total significado. O fim do convívio levava à separação ou ao divórcio pelo simples implemento de diferentes prazos temporais.

O fato é que, bem antes da alteração constitucional, a jurisprudência já havia passado a reconhecer como desnecessária a identificação de conduta culposa, dispensando a comprovação dos motivos apresentados pelo autor para conceder a separação.[5] O juiz, ao fixar os pontos controvertidos da demanda (CPC 331 § 2.º), impedia a discussão a respeito dos motivos do fim do casamento.

A determinação de um responsável pelo desenlace da união dispunha de sequelas de duas ordens. Caso o cônjuge que adotou o **nome** do outro ao casar fosse declarado "culpado", só poderia permanecer assim se identificando se não houvesse expressa oposição do cônjuge que lhe emprestara o sobrenome. Caso contrário, se o "dono" do nome se opusesse, quem o havia adotado precisava comprovar que a mudança poderia causar dano à sua identidade ou à identificação com os filhos (CC 1.578). Com o fim da separação e consequente questionamento sobre causas e culpa, tal dispositivo restou revogado. Não mais se sujeita o cônjuge que alterou o seu nome

---

5. Direito de família. Apelação cível. Ação de separação judicial. Averiguação de culpa pelo fim do casamento. Irrelevância. [...] 1) Se antes da Emenda Constitucional n. 66/2010 a perquirição da causa pelo fim do casamento já havia perdido prestígio na doutrina e na jurisprudência, por ofender a privacidade, a intimidade e a própria dignidade do casal, após a referida modificação constitucional a averiguação dos motivos da separação restou definitivamente abolida. [...] (TJMG, AC 1.0042.07.021487-1/001, 5.ª C. Cív., Rel. Des. Mauro Soares de Freitas, p. 10/02/2011).

ao casar à necessidade de justificar o desejo de continuar com o nome de casado.

O cônjuge culpado só fazia jus a **alimentos** quando não tivesse aptidão para o trabalho nem parentes que pudessem suprir suas necessidades. Ainda assim o valor dos alimentos limitava-se ao indispensável à sobrevivência (CC 1.704 parágrafo único). Com o fim da separação este dispositivo restou revogado. Sequer persiste a possibilidade de restringir o montante do encargo alimentar a favor de quem foi o culpado pela situação de necessidade (CC 1.694 § 2.º).

Em face da exclusão do instituto da separação do panorama jurídico, caíram por terra todas as tentativas de amarrar as pessoas dentro do casamento. Não há mais identificação de causas, imposição de culpas ou espera do decurso de prazos. *Advogar a tese da permanência da separação no direito brasileiro é também querer fomentar discussão acerca de quem é o culpado pela desunião. É exigir que a vida íntima do casal seja escancarada perante os Tribunais.*[6]

Esta é a posição que vem prevalecendo na jurisprudência. Assim a posição da Justiça mineira.[7] Esta é também a orientação do Tribunal do Distrito Federal, ao reconhecer

---

6. Newton Teixeira Carvalho, O fim da separação no ordenamento jurídico brasileiro.
7. Família e processual civil. Separação judicial. Perquirição da culpa. Entrada em vigor da EC 66. Supressão dos dispositivos concernentes à separação judicial. Discussão inócua. [...] I – Após a entrada em vigor da Emenda Constitucional n. 66/2010, que revogou os dispositivos concernentes à separação judicial, mostra-se inócua a discussão acerca da culpa pela separação do casal. [...] (TJMG, AC 1.0672.07.252689-6/001, 8.ª C. Cív., Rel. Des. Fernando Botelho, p. 11/05/2011). No mesmo sentido: TJMG, AC 1.0480.08.112169-5/001, 8.ª C. Cív., Rel. Des. Fernando Botelho, p. 03/08/2011; TJMG, AC 1.0701.07.204997-9/001, 8.ª C. Cív., Rel. Des. Teresa Cristina da Cunha Peixoto, p. 14/09/2011; TJMG, AC 1.0024.08.014293-8/001, 1.ª C. Cív., Rel. Des. Armando Freire, p. 01/07/2011.

o divórcio como um direito potestativo, para cuja realização não é necessária a indagação de culpa pela falência da relação matrimonial.[8]

Ao se excluir a culpa, doa-se à pessoa a possibilidade de extinguir seu casamento de maneira digna, conferindo também uma oportunidade de exercício de cidadania plena.[9] Pablo Stolze é enfático em afirmar: *Resta claro que, se o único fundamento para a decretação do divórcio é a falência afetiva da relação, afigura-se inteiramente desnecessária a análise da culpa.*[10]

Mas o aspecto mais significativo da mudança de paradigmas gerada pelo fim da separação foi acabar com a injustificável interferência do Estado na vida dos cidadãos.[11]

---

8. Apelação cível. Separação judicial. EC 66/10. Divórcio. [...] Culpa. [...] 1. A separação judicial não é mais contemplada pelo ordenamento jurídico nacional, desde o advento da EC 66/10, promulgada após a sentença. A extinção do instituto repercute sobre a possibilidade jurídica da demanda, alcançando as causas em andamento. [...] 4. O divórcio traduz direito potestativo, para cuja realização não é necessária a indagação de culpa pela falência da relação matrimonial. 5. A separação de fato e a de corpos objetiva apenas evitar maiores constrangimentos e riscos derivados de uma convivência que se apresenta intolerável [...] (TJDF, AC 20080111228294, 4.ª T. Cív., Rel. Des. Fernando Habibe, j. 01/06/2011).
9. Paula Maria Tecles Lara, Comentários à Emenda Constitucional n. 66/2010.
10. Pablo Stolze Gagliano e Rodolfo Pamplona Filho, O novo divórcio, 90.
11. Divórcio consensual. Requisitos: prova da separação de fato do casal há mais de dois anos. Desnecessidade. Art. 226, § 6.º, da CF. Nova redação dada pela EC n. 66/2010. Acordo homologado. Valor dos alimentos. Recurso do *Parquet*. Confirmação da sentença. Para a concessão do divórcio direto não há mais a necessidade da comprovação da separação de fato do casal há mais de 02 (dois) anos. Inteligência da nova redação do § 6.º do art. 226 da Constituição Federal, dada pela EC n. 66/2010. [...] Não há possibilidade de o Poder Judiciário intervir para reformar declaração livre de vontade, haja vista não

6.2 Obrigação reparatória por dano moral

Modernamente há uma acentuada tendência de ampliar o instituto da responsabilização civil. E é difícil vencer a controvérsia para encontrar resposta à seguinte indagação: no âmbito do direito das famílias, cabe a responsabilidade civil do cônjuge autor do dano? Ruy Rosado responde: *É necessário atentar que o fato pode ser ilícito absoluto, ou apenas infração a dever conjugal, familiar ou sucessório; pode estar tipificado na lei, ou não; a lei definidora da conduta pode ser civil ou criminal; o autor pode ser cônjuge ou companheiro que atinge a vítima na posição que lhe decorre do direito das famílias; o dano pode ser patrimonial ou extrapatrimonial; o dano pode ser específico, por atingir direito regulado no Livro da Família ou das Sucessões, ou constituir-se em dano a direito assegurado genericamente às pessoas (CC 186); a consequência da infração pode ser a sanção prevista na norma de direito das famílias ou a reparação aplicada de acordo com as regras próprias do instituto da responsabilidade civil (CC 944), com ou sem aplicação cumulativa.*[12]

A dissolução do casamento é a causa mais recorrente na busca de pretensão indenizatória. Porém, com a extinção do instituto da separação, foram banidos questionamentos sobre as causas da dissolução do vínculo matrimonial. No entanto, o fim da culpa para chancelar a extinção do casamento não exclui a possibilidade de ser perquirida para finalidade outra, como, por exemplo, na demanda de natureza indenizatória, promovida pelo cônjuge que sofreu danos morais, materiais ou estéticos. *Não se pode afirmar que, caso um dos cônjuges cause danos ao outro, a culpa não poderá ser debatida em ação*

---

haver comprovação de prejuízos resultantes do acordo (TJMG, AC 0146684-81.2010.8.13.0105, 3.ª C. Cív., Rel. Des. Silas Rodrigues Vieira, j. 03/02/2011).

12. Ruy Rosado de Aguiar Jr., Responsabilidade civil no direito de família, 366.

indenizatória. Isto porque, se houver ofensas físicas ou morais, agressão aos direito de personalidade, o cônjuge culpado responderá civilmente. O inocente, vítima do dano, terá assegurado seu direito à indenização cabal. Novamente, a questão não poderá ser discutida na ação de divórcio (da qual a culpa foi banida) e será objeto de ação indenizatória perante as varas cíveis, o que não impedirá a decretação de segredo de justiça a ser requerido pelas partes. Sim, discuta-se a culpa, mas não mais entre cônjuges (presos por um vínculo indesejado), e sim em ações autônomas, entre ex-cônjuges.[13] Desta forma, possível o ressarcimento dos danos morais, materiais ou estéticos advindos do ato ilícito comprovado. A ação indenizatória deve ser proposta no juízo cível.

Ainda que seja forçoso reconhecer como indevida qualquer intromissão do Estado na intimidade da vida a dois, o fato é que a lei impõe deveres e assegura direitos tanto no casamento (CC 1.566) como na união estável (CC 1.724). Porém, a violação desses deveres não constitui, por si só, ofensa à honra e à dignidade do consorte, a ponto de gerar obrigação indenizatória por danos morais.

Os deveres de fidelidade recíproca e de mantença de vida em comum entre os cônjuges não significam obrigação de natureza sexual. Não há como obrigar o adimplemento do *debitum conjugale*, infeliz locução que significa o dever de alguém se sujeitar a contatos sexuais contra a sua vontade. Se o débito fosse um dever, como exigi-lo juridicamente? Poder-se-ia falar em "crédito conjugal"?[14] Assim, desarrazoado e desmedido pretender que a ausência de contato físico de natureza sexual seja reconhecida como inadimplemento de dever conjugal a

---

13. José Fernando Simão, A PEC do divórcio: a revolução do século em matéria de direito de família.
14. Ana Carolina Brochado Teixeira, Responsabilidade civil e ofensa à dignidade humana, 146.

justificar obrigação indenizatória por dano moral. Também é difícil imaginar como a infidelidade poderia gerar o pagamento de indenização. Seria o valor tarifado por relação sexual ou por amante? A reincidência daria ensejo a valor majorado?

A tendência atual da jurisprudência é afastar a possibilidade indenizatória por dano moral em face do descumprimento do dever de fidelidade. Neste sentido os tribunais de São Paulo,[15] Distrito Federal,[16] Santa Catarina[17] e Maranhão.[18]

---

15. Dano moral. Infidelidade conjugal Inadmissibilidade Não se vislumbra situação ensejadora de responsabilidade civil. Dissabores ou contrariedades que não podem ser reconhecidos como aptos a ensejar a fixação de indenização por dano moral. Sentença de improcedência mantida. Recurso desprovido (TJSP, AC 0126482-86.2006.8.26.0000, 5.ª C. Dir. Priv., Rel. Silvério Ribeiro, j. 27/07/2011).
16. Civil. Não conhecimento parcial. Inadequação da demonstração de repercussão geral em apelação. Mérito. Danos morais. Violação aos deveres conjugais. Infidelidade. Provas constituídas por conversas em sistema de troca de mensagens em tempo real. Ilicitude da prova afastada. Contraprova não diligenciada. Não caracterização do dano moral. Infidelidade como fato gerador do dever de reparação. Necessidade de grave humilhação e exposição. Ciência da infidelidade anos após a separação de fato. Decurso temporal que mitiga a situação vexatória. Ausência dos elementos caracterizadores do dano moral. Apelação provida. [...] 5. Apelação, na parte conhecida, a que se dá provimento (TJDF, AC 0118170-83.2005.807.0001, 2.ª T. Cív., Rel. J. J. Costa Carvalho, j. 15/04/2009).
17. Danos morais. Infidelidade e omissão do cônjuge virago acerca da paternidade biológica de filha. Existência de fortes indícios de que o cônjuge varão tinha conhecimento de que a paternidade biológica da filha era de terceiro. Filha que nasceu quatro meses após a primeira relação sexual do casal. Questionamento da paternidade que ocorreu somente 23 anos após o nascimento da filha. Perdão tácito evidenciado. Não ocorrência de abalo moral. Recurso conhecido e desprovido (TJSC, AC 2011.000520-0, Rel. Jaime Luiz Vicari, j. 13/02/2012).
18. Civil – Processual Civil – Concubinato – Dano moral por infidelidade – Vida em comum constatada – Divisão do patrimônio adquirido durante a convivência – Proteção legal – Lei 9.278/96 – Reparação

Quanto à violação dos demais deveres do casamento, como adultério, abandono do lar, condenação criminal e conduta desonrosa, que serviam de motivação para a ação de separação (CC 1.573 I e IV a VI), não gera, por si só, obrigação indenizatória. Porém, inclina-se a doutrina a sustentar que, se tais posturas, ostentadas de maneira pública, comprometeram a reputação, a imagem e a dignidade do par, cabe a indenização por danos morais. No entanto, é necessária a comprovação dos elementos caracterizadores da culpa – dano, culpa e nexo de causalidade –, ou seja, que os atos praticados tenham sido martirizantes, advindo profundo mal-estar e angústia.[19]

---

de dano moral indevida porque a eventual existência de infidelidade é decorrência da liberdade sexual das pessoas, não podendo gerar obrigação de reparação pecuniária – Recurso conhecido e provido em parte para determinar que a sucumbência deve incidir sobre o valor da condenação e não sobre o valor da causa – Art. 20, § 3.º, CPC (TJMA, AC 11272001, Rel. Militão Vasconcelos Gomes, j. 03/12/2001).

19. Sentença prolatada em ação de indenização por dano moral ajuizada pelo marido contra a esposa que manteve relacionamento extraconjugal do qual adveio a concepção e nascimento de criança – Marido que, induzido em erro, promoveu o registro do infante como seu filho – Pedido julgado procedente – Reparação fixada em R$ 10.000,00 (dez mil reais) – Violação dos deveres de fidelidade, respeito e consideração mútuos, inerentes ao casamento – Abandono do lar pelo cônjuge virago, que levou o infante consigo, proibindo o pai socioafetivo de visitá-lo – Publicidade do adultério – Divulgação da intimidade do casal no ambiente de trabalho do cônjuge varão – Evidente violação à honra subjetiva da vítima – Conduta desonrosa – Insurgência da requerida, que sustenta que a sua infelicidade e frustração justificam o seu comportamento imoral – Alegação de que o recorrido tinha conhecimento de que não era o pai biológico do menor, assim como de que sua mulher mantinha relações sexuais com o marido de uma colega sua de trabalho – Fatos não demonstrados – Evidente abalo moral daquele que, iludido pela esposa, criou e educou, como se seu fosse, descendente do amásio – Transgressão dos direitos à honra, à intimidade, à verdade e à integridade psicológica – Conduta da apelante que configura ato ilícito previsto no art. 186 do CC – Dever

De qualquer modo, é impositivo distinguir a natureza do dano. Quando decorre da prática de **ato ilícito**, sempre gera obrigação indenizatória. *O dolo ou a culpa, na ação de indenização, possuem uma abrangência diversa, pois só haverá ressarcimento quando a conduta for de caráter eminentemente vexatório, humilhante, e ferir a dignidade de um dos consortes, não importando se isso atenta contra os deveres matrimoniais.*[20] Porém, os danos decorrentes de agressões e injúria, por exemplo, são indenizáveis, quer tenham sido causados ao cônjuge, quer a qualquer pessoa. Comprovada a prática dolosa ou culposa de ato ilícito (CC 927), o infrator está sujeito a indenizar não só os danos físicos, mas também os danos psíquicos e os morais.

Com o desaparecimento da separação, a tentativa de morte e as sevícias (CC 1.573 II e III) deixaram de servir de fundamento para a dissolução do casamento, mas geram direitos indenizatórios a título de dano moral, sem a necessidade de comprovação de sequelas na pessoa da vítima. Os danos psíquicos são inquestionáveis. Nessa seara, no entanto, a obrigação indenizatória decorre da prática de ato ilícito (CC 186) consumado ou tentado, e não da existência do vínculo familiar. A origem da obrigação é o **delito penal**, e não o descumprimento de deveres conjugais.

Já a **anulação do casamento**, por erro essencial ou infração dos deveres do casamento, mesmo que torne insuportável a vida em comum e leve à dissolução do vínculo conjugal, nem por isso autoriza qualquer reparação.[21]

---

    de indenizar configurado – Manutenção da respectiva obrigação (TJSC, AC 2009.005177-4, 4.ª C. Cív, Rel. Des. Eládio Torret Rocha, j. 01/09/2011, p. 20/09/2011).

20. Paula Maria Tecles Lara, Comentários à Emenda Constitucional n. 66/2010.
21. Ação de alimentos e ação de anulação de casamento cumulada com pedido indenizatório. Sentença única. Julgamento conjunto. Ausente

Em relação aos **alimentos**, não se pode confundir obrigação alimentar com indenização por danos morais. A obrigação de pagamento de alimentos, que subsiste após o rompimento do casamento, não dispõe de natureza indenizatória. Nem mesmo o *quantum* da verba alimentar está condicionado à identificação da culpa do credor (CC 1.694 § 2.º). O "responsável pela situação de necessidade" percebe alimentos em montante que lhe permita viver de modo compatível com sua condição social, inclusive para atender às necessidades de sua educação.

Mesmo que possa haver alguma relação entre alimentos e culpa, em termos de valores, o reconhecimento da obrigação alimentar não é condenação por danos morais. Os alimentos são devidos não pelo fato da culpa, pois o próprio "culpado" tem direito a alimentos. Trata-se de encargo que tem como causa a necessidade, ou seja, a ausência de condições de prover por si a própria subsistência. Tanto é assim que, se o "inocente" não tiver necessidade, não perceberá alimentos do "culpado". Ao depois, os alimentos estão sujeitos à revisão e à exoneração, possibilidades que não se coadunam com a responsabilidade civil.[22] Assim, se o cônjuge praticou um ato antijurídico, se infligiu dano injusto ao outro, tudo isso não se apaga com a separação e a pensão.[23]

---

a prova acerca do erro essencial sobre a pessoa, não vinga a pretensão baseada no art. 1.557 do CC. Também não há falar em indenização pelos danos materiais e morais alegadamente suportados em decorrência do desfazimento da relação. Afinal, não há prova da prática de qualquer ilícito, e os dissabores típicos do fato não são indenizáveis. Alimentos. Ainda que fixados alimentos provisórios em sede de cognição sumária, a constatação da ausência de necessidade da autora gera a improcedência do pedido. Negaram provimento ao apelo (TJRS, AC 70028093912, 8.ª C. Cív., Rel. Des. Alzir Felippe Schmitz, p. 21/05/2011).

22. Nara Rubia Alves de Resende, Da possibilidade de ressarcimento dos danos decorrentes da dissolução da sociedade conjugal, 12.
23. José de Castro Bigi, Dano moral em separação e divórcio, 49.

Estabelece José de Aguiar Dias a diferença entre pensão alimentar e indenização: *Os alimentos só podem ser exigidos pelo cônjuge que prova necessidade, ao passo que a reparação civil pode ser exigida independentemente da situação econômica do prejudicado. A indenização tem caráter definitivo, não pode ser suprimida, aumentada ou diminuída, enquanto a pensão alimentar é essencialmente variável, por atender às necessidades do alimentando e às condições econômicas do alimentante.*[24] Ainda que não se confundam, nada impede que a indenização por dano moral seja paga de forma parcelada, em prestações mensais. De outro lado, a indenização, mesmo paga parceladamente, não inibe o pagamento dos alimentos, que podem ser devidos simultaneamente.

Com o nome de **alimentos compensatórios**, vem se consolidando o entendimento de que o desequilíbrio da condição de vida provocado pela separação enseja direito indenizatório, mas que não tem por pressuposto nem dolo nem culpa.

6.3 Estado civil

O estado civil é um atributo da personalidade. A identificação do estado civil – que inclusive integra a qualificação da pessoa – tem significado tanto de ordem pessoal como social e patrimonial. A pessoa nasce solteira. Ao casar assume o estado civil de casada. Quando morre um dos cônjuges, o sobrevivente adquire o estado civil de viúvo. Ou seja, é o casamento o ponto de referência que provoca a alteração do estado civil. Os noivos passam de solteiros à condição de casados. E, quando do fim do casamento, os cônjuges assumem o estado civil de divorciados.

Assim, solteiro é quem nunca casou, e casado é aquele que se mantém na relação marital. O viúvo perdeu a condição de casado em decorrência do falecimento do cônjuge. Em qual-

---

24. José de Aguiar Dias, Da responsabilidade civil, 170.

quer dessas hipóteses, o elemento diferencial é o casamento, sua vigência ou seu fim. A perfeita identificação do momento em que ocorre a alteração do estado civil empresta segurança às relações jurídicas. Afinal, nem as pessoas casadas nem os separados (judicialmente ou de fato) podem casar. Já os solteiros, divorciados e viúvos têm livre acesso ao casamento.

Os reflexos mais significativos dessa mudança do estado civil são de ordem patrimonial. A condição de solteiro, divorciado ou viúvo identifica quem está sozinho, sendo proprietário de seu patrimônio, com exclusividade. Já o casado – a depender do regime de bens do casamento – não tem a disponibilidade de seus bens. Assim, quem pretende fazer qualquer negócio com outrem sempre precisa saber qual é o seu estado civil. Aos casados a lei impede a prática de determinados atos, precisando da concordância do outro cônjuge (CPC 10). É necessária outorga marital para alienar ou gravar de ônus real os bens imóveis e também para conceder aval ou fiança (CC 1.647).

Com a separação ocorria a alteração do estado civil dos cônjuges, que passavam de casados para "separados judicialmente". Esta expressão não identifica o estado civil, mas a condição jurídica de quem não mais está casado. Ainda bem que esta situação – que nem de uma nomenclatura dispõe – tende a desaparecer.

Como a jurisprudência empresta efeitos à **separação de fato** – reconhece a constituição de união estável e faz cessar o regime de bens –, não basta alguém se qualificar como "separado" para identificar que está fora do casamento. É necessário declinar a espécie da separação: judicial ou de fato.

Ocorrendo a **morte** de um dos cônjuges depois da separação, não há a possibilidade de decretação do divórcio. Por isso o sobrevivente assume a condição de **viúvo**, estando liberado para casar de novo. O mesmo não acontece quando ocorre o falecimento de um dos cônjuges depois do divórcio. Como o casamento já tinha sido dissolvido, os divorciados continuam sendo assim identificados.

Quando a separação era levada a efeito somente pela via judicial, depois de homologada, surgia o estado civil de **separado judicialmente**. A partir do surgimento da possibilidade da separação extrajudicial, mediante pública escritura, a expressão separado judicialmente deixou de servir para a identificação do estado civil de quem optou pela **via administrativa**. O estado civil dos ex-cônjuges que se separam extrajudicialmente não pode mais ser de separados "judicialmente", pelo só fato de a separação não ter sido levada a efeito pela via judicial. A doutrina passou a recomendar o uso da expressão "**separados juridicamente**". Assim, a separação jurídica seria o gênero, cujas espécies eram a separação judicial e a separação extrajudicial.[25]

Todas essas questões perderam significado a partir da extinção do instituto da separação. Quem se separou judicial ou extrajudicialmente antes de 14 de julho de 2010, data da vigência da Emenda Constitucional 66, mantém a condição de **separado**. A sociedade conjugal permanece somente rompida, não ocorrendo a dissolução do vínculo conjugal. Ou seja, mesmo com o fim da separação, persiste o estado civil de separado, não acontecendo a alteração automática para o estado civil de divorciado.[26] *Aliás, este entendimento, a par de gerar grave insegurança jurídica, resultaria no desagradável equívoco de se pretender modificar uma situação jurídica consolidada segundo as normas vigentes à época da sua constituição, sem que tivesse havido manifestação de qualquer das partes envolvidas. Em outras palavras: a partir da entrada em vigor da Emenda Constitucional,*

---

25. Romualdo Baptista dos Santos, A nova lei de separações e divórcios extrajudiciais.
26. Newton Teixeira Carvalho, O fim da separação no ordenamento jurídico brasileiro.

as pessoas judicialmente separadas (por meio de sentença proferida ou escritura pública lavrada) não se tornariam imediatamente divorciadas, exigindo-se-lhes o necessário pedido de decretação do divórcio para o que, por óbvio, não haveria mais a necessidade de cômputo de qualquer prazo. Respeita-se, com isso, o próprio ato jurídico perfeito.[27]

Por a separação manter intacto o vínculo conjugal, os separados judicialmente podem restabelecer o casamento, retornando ao estado de casados. Mas não podem casar com outra pessoa. Para obterem a dissolução do casamento, precisam buscar a decretação do divórcio e não a conversão da separação em divórcio. Porém, não é preciso aguardar o decurso do prazo de um ano como exigia a lei que restou derrogada pela reforma constitucional.

6.4 Impossibilidade de reconciliação

A mantença do instituto da separação por mais de 30 anos sempre pontuou, como única "vantagem", a possibilidade de o casal volver ao casamento, caso houvesse a reconciliação. Como a separação não rompe o vínculo matrimonial, possível o restabelecimento do casamento e o retorno à condição de casados. Ou seja, é preservado o direito de os cônjuges reverterem a separação, sem haver a necessidade de casarem novamente. Nada mais do que a consagração do que se poderia chamar de "cláusula de arrependimento". Esse benefício, porém, sempre foi deveras insignificante, até porque raras as reversões de que se tem notícia.

Restabelecer significa repor, restaurar, colocar no antigo estado, fazer existir novamente. No âmbito das relações conjugais tem o sentido de permitir ao casal voltar à condição

---

27. Pablo Stolze Gagliano, A nova emenda do divórcio: primeiras reflexões.

de casados. A lei limita-se a dizer que é lícito aos cônjuges restabelecer, a todo tempo, a sociedade conjugal, por ato regular do juízo (CC 1.577 e LD 46). Como foi utilizado o verbo "restabelecer", parece que a intenção do legislador seria atribuir eficácia retroativa à reconciliação, simplesmente apagando o interstício ocorrido. Mas não é possível fazer desaparecer este período de tempo, que produz efeitos quer pessoais, quer patrimoniais. Não há como persistir, por exemplo, a presunção de filiação dos filhos nascidos durante o período da separação. Quanto aos efeitos patrimoniais, a lei expressamente resguarda eventuais direitos de terceiros (parágrafo único dos arts. 1.577 do CC e 46 da LD). No entanto, é indispensável reconhecer que os bens adquiridos por um dos cônjuges durante o período da separação não se comunicam. Não declinando os cônjuges de modo expresso no procedimento de reversão que optam pela comunicabilidade, os bens adquiridos durante o período da separação pertencem a quem os adquiriu.

Aliás, cabe figurar a hipótese – mais do que comum – de um ou ambos terem mantido união estável durante o período da separação. Às claras que é necessário resguardar a meação do companheiro, inclusive em face de sua condição de terceiro.

Para o restabelecimento da sociedade conjugal é preciso tempo e dinheiro. Há a necessidade de contratar advogado, além de esperar o desarquivamento do processo de separação, já que o pedido deve ser levado a efeito nos mesmos autos. Como não há necessidade de audiência de ratificação, o "ato regular do juiz" é somente homologar o pedido. A sentença dispõe de efeito *ex nunc*, ou seja, a partir do trânsito em julgado. Havendo o desejo dos cônjuges de **alterar o regime de bens**, nada impede que aproveitem o procedimento da reversão da separação para pleitear tal alteração, bastando o atendimento aos requisitos legais (CC 1.639 § 2.º).

Mesmo que a separação tenha sido judicial, possível que a reconciliação seja levada a efeito na via administrativa, ainda que haja filhos menores ou incapazes.[28]

Como agora não mais existe a separação, só o divórcio, havendo a reconciliação, o casal precisa casar novamente. Para terem a liberdade de escolher o regime de bens é necessário que tenham procedido à partilha. Caso não tenha sido levada a efeito a divisão do patrimônio do primeiro casamento, o regime do novo casamento será obrigatoriamente o da separação de bens (CC 1.641 I e 1.523).

Pertinentes as observações de Paula Maria Tecles Lara: *Argumento robusto para se rechaçar o instituto da separação é a dificuldade resultante dos procedimentos adotados hoje para se estabelecer a reconciliação do casal separado, característica essa exclusiva da separação. Nela, a reconciliação poderá ocorrer, a qualquer tempo, a pedido dos cônjuges, respeitando o disposto no art. 1.577 do Código Civil. Para tanto, é necessário que as partes, através de um advogado, peticionem ao juízo que decretou a separação, dando-lhe ciência deste fato. Em via administrativa, o procedimento será feito perante o tabelião, por escritura pública, com a participação também de advogado, arcando o casal com as despesas que acarretam tal procedimento. Já o casal divorciado, que quer restabelecer a união, deve convolar novas núpcias, ou seja, se dirigir ao cartório de registro civil, habilitando-se ao casamento, sem a necessidade de advogado nem de se realizar nova cerimônia, a critério das partes; estas, caso forem pobres em sentido legal, poderão, inclusive, realizar tal ato notarial sem despesas financeiras, mas, mesmo que tivessem que arcar com esse*

---

28. Resolução 35 do CNJ: Art. 48. O restabelecimento de sociedade conjugal pode ser feito por escritura pública, ainda que a separação tenha sido judicial. Neste caso, é necessária e suficiente a apresentação de certidão da sentença de separação ou da averbação da separação no assento de casamento.

custo, ele seria, sem dúvida, menos dispendioso que os honorários advocatícios. Desse modo, clara é a disparidade dos efeitos da reconciliação entre os institutos estudados, demonstrando, de forma cabal, a insuficiência de razões que autorizem a permanência da separação em nosso ordenamento.[29]

6.5 Recusa de homologação

Talvez um dos mais instigantes interditos ao fim do casamento era a possibilidade de o juiz recusar a homologação da separação consensual, se apurasse que a convenção não preservava suficientemente os interesses dos filhos ou de um dos cônjuges (CC 1.574 parágrafo único e LD 34 § 2.º).

A negativa de decretar a dissolução do casamento por afronta a direito prioritário de um dos cônjuges ou dos filhos não cabia exclusivamente nas demandas amigáveis. Podia se dar em acordos firmados nas ações litigiosas. Uma vez constatado desrespeito a outros interesses prevalentes, podia o juiz simplesmente negar homologação ao pedido.

Dito poder discricionário conferido ao magistrado era chamado de "cláusula de dureza", por ir contra a vontade das partes que vêm a juízo para se desvencilhar do casamento.

Não dá para imaginar que motivo seria invocável para o juiz *ex officio* negar a separação ou o divórcio, impondo a manutenção do vínculo matrimonial. Difícil identificar quais interesses mereceriam ser preservados a ponto de casamentos desfeitos não terem seu término chancelado pelo Estado.

Para atender ao interesse dos filhos não poderia ser, pois a separação dos pais não rompe a unidade familiar, somente o vínculo de conjugalidade. O poder familiar permanece in-

---

29. Paula Maria Tecles Lara, Comentários à Emenda Constitucional n. 66/2010.

tacto, sendo exercido igualmente por ambos. Conquanto seja assegurado aos filhos o direito de opinião (ECA 16 II), bem como de participar da vida familiar (ECA 16 V), tal não lhes confere a possibilidade de se oporem à separação dos pais. Até porque o direito de convívio é assegurado a quem não detém a guarda, via regulamentação das visitas ou por meio da guarda compartilhada. Assim, é inadmissível alegar o desatendimento de interesses dos filhos como causa impeditiva à concretização do desejo dos pais de pôr fim ao casamento. Não se atina que vantagens poderiam advir aos filhos viverem em um lar onde os laços de afeto não mais existem e a permanência do casamento é imposta judicialmente.

As cláusulas a respeito da guarda dos filhos, regime de visitação ou verba alimentar, que não atendam aos interesses da prole, podem, de fato, sofrer a intervenção judicial, mas não podem obstacularizar a separação dos pais. Chancelado o fim do casamento persistem as demandas correlatas, cabendo instrução probatória e a realização de estudo social ou avaliação psicológica.

Para evitar prejuízo enorme de ordem patrimonial, igualmente, não se justificava a recusa à homologação da separação. A solução era não homologar a partilha, quando não preservados os interesses dos filhos ou de um dos cônjuges. De qualquer forma, se um dos cônjuges abre mão de todo o patrimônio adquirido durante o período de convívio, e resta sem meios de prover o próprio sustento, a doação é nula (CC 549), não podendo ser homologada pelo juiz. No entanto, tal não impede a dissolução do casamento.

Também se houve dispensa de alimentos, ou o valor fixado não se mostra razoável para garantir a subsistência do cônjuge ou dos filhos, o jeito era deixar de homologar o acordo sobre o encargo alimentar. Mas impositivo chancelar a vontade das partes com relação ao casamento, podendo seguir a ação para atender aos interesses que o magistrado entendeu como não preservados.

Com o advento da possibilidade de a separação ocorrer por meio de **escritura pública** (CPC 1.124-A), não havia mais como falar em cláusula de dureza. Ainda assim, Resolução do Conselho Nacional de Justiça[30] assegura, ao tabelião, o direito de, fundamentadamente, negar-se a lavrar a escritura caso visualize insegurança ou indícios de prejuízo quanto a um dos cônjuges. Tal possibilidade está dentro dos deveres do notário de não emprestar certificação a ato que não reconheça como manifestado de forma livre e segura. Porém, esse dever do notário não lhe confere o direito de se recusar a lavrar a escritura quando não vislumbrar vício de consentimento por parte de algum dos cônjuges.

Apesar da referência legal à separação, pela mesma motivação, a tendência da doutrina era admitir a possibilidade de ser negado também o decreto do divórcio. Mas, quer para impedir a separação, quer para negar o divórcio, a regra é de escancarada inconstitucionalidade, já que afronta o princípio da liberdade que impera no contexto das relações familiares. O direito de dissolver a relação conjugal não pode ser obstaculizado pela Justiça.

6.6 Nulidade do casamento putativo

Com a extinção do instituto da separação judicial, foi abandonada a perquirição das causas da separação e, de consequência, a identificação de um culpado para a dissolução do casamento. A tendência da doutrina é reconhecer que

---

30. Resolução 35 do CNJ: Art. 46. O tabelião poderá se negar a lavrar a escritura de separação ou divórcio se houver fundados indícios de prejuízo a um dos cônjuges ou em caso de dúvidas sobre a declaração de vontade, fundamentando a recusa por escrito.

persiste a punição dos culpados quando é buscada a anulação de casamento.[31] *A culpa permanece em seu âmbito próprio: o das hipóteses de anulabilidade do casamento, tais como os vícios de vontade aplicáveis ao casamento, a saber, a coação e o erro essencial sobre a pessoa do outro cônjuge.*[32] No entanto, os pressupostos para a identificação de eventuais "culpados" são diversos nas duas situações. Para admitir a anulabilidade do casamento, é necesssário perquirir a responsabilidade de um ou de ambos os noivos quando da celebração do casamento. Tal não se confunde com a **culpa** pela dissolução do casamento, que se refere à postura do cônjuge durante a vigência da sociedade conjugal. Esta desapareceu. A responsabilidade de quem agiu de má-fé antes do casamento, não.

Chama-se de putativo o casamento nulo ou anulável, mas contraído de boa-fé por um ou por ambos os cônjuges (CC 1.561): o casamento que se acreditava ser verdadeiro, legal e certo, no entanto, não o é. *Em se tratando de anulação de casamento, o tema em voga é a discussão da **boa-fé subjetiva**, ou seja, o conhecimento ou não de certo fato da vida. É a boa-fé em sentido psicológico. Não se trata de culpa como inobservância de um dever de cuidado.*[33]

A boa-fé, até prova em contrário, sempre se presume e significa ausência de responsabilidade pela causa anulatória. Reconhecendo o juiz a boa-fé dos cônjuges ou de um deles, declara, com relação a um ou a ambos, que o casamento é putativo.

---

31. Neste sentido: Arnoldo Camanho de Assis, Questões práticas sobre a repercussão da EC n. 66/2010 nos processos em andamento; José Fernando Simão, A PEC do divórcio: a revolução do século em matéria de direito de família; e Pablo Stolze Gagliano e Rodolfo Pamplona Filho, O novo divórcio, 31.
32. Paulo Lôbo, Divórcio: alteração constitucional e suas consequências.
33. José Fernando Simão, A PEC do divórcio: a revolução do século em matéria de direito de família.

Essa declaração é necessária, pois altera o marco temporal dos efeitos da anulação. Quando o casamento é anulado, os seus efeitos retroagem à data da celebração. É o chamado efeito *ex tunc* (CC 1.563). No entanto, reconhecida a boa-fé, os efeitos da desconstituição do casamento só vigoram a partir da sentença definitiva, ou seja, *ex nunc*. Tais efeitos do casamento, porém, não beneficiam o contraente de má-fé.

O legislador prestigia tanto a boa-fé dos noivos a ponto de preservar os efeitos do matrimônio por um período de tempo, mesmo que o casamento seja nulo ou anulável. Durante este interstício, que vai da data da celebração até o trânsito em julgado da sentença que o desconstitui, o casamento só produz efeitos com relação ao cônjuge de boa-fé. Assim, quanto a este, a sentença tem efeito *ex nunc*, ou seja, a desconstituição não retroage nem à data do casamento. Para ele o casamento se desfaz quando a sentença anulatória transita em julgado. Deste modo, mesmo que o casamento venha a ser anulado, mantém sua eficácia da data de sua celebração até ser definitivamente desconstituído.

O casamento putativo é uma das hipóteses em que, por expressa previsão legal, um ato jurídico produz efeitos por tempo diferenciado. Havendo boa-fé somente de um dos nubentes, com relação a ele o casamento teve duração e eficácia por um período de tempo: da data da celebração até o trânsito em julgado da sentença anulatória. Com relação ao cônjuge de má-fé, a sentença dispõe de efeito retroativo à data do casamento. Nesse caso ocorre um fenômeno no mínimo inusitado: durante um período, o cônjuge de boa-fé foi casado e o outro, o que agiu de má-fé, não.

O reconhecimento da responsabilidade em sede de anulação de casamento impõe **ônus de ordem patrimonial** (CC 1.564): perde o cônjuge as "vantagens" havidas do cônjuge que estava de boa-fé. É necessário algum esforço para imaginar os benefícios susceptíveis de serem perdidos. A doutrina traz alguns exemplos: a depender do regime de bens do casamento, não perde o cônjuge de boa-fé sua meação.[34] Tal hipótese só se aplica ao **regime da comunhão de bens**, único em que há comunicação de bens particulares.

De outro lado, persiste o dever de **alimentos** ao cônjuge de boa-fé que deles necessitar. Quanto ao uso do **nome**, ainda que anulado o casamento, o cônjuge que casou de boa-fé pode continuar usando o nome que adotou quando do casamento. Isso nem sequer depende da concordância do outro, até porque está derrogado o art. 1.578 do CC.

Cabe lembrar que, desde a consagração constitucional da união estável como entidade familiar, a teoria das nulidades do casamento perdeu interesse prático. Ainda que seja desconstituído o matrimônio, com efeito retroativo – lapso temporal que pode estender-se por longos anos –, persistindo nesse ínterim a convivência marital, não há como deixar de reconhecer, durante esse período, a presença de uma união estável, bastando para isso estarem presentes os requisitos legais (CC 1.723): *convivência pública, contínua e duradoura com o objetivo de constituição de família.*

6.7 Aspectos sucessórios

Mesmo depois de consagrada a dissolubilidade do casamento, pelo advento da Lei do Divórcio, insistia o legislador em manter o casamento eterno até a morte. Inclusive para depois da morte, mesmo que já tivesse cessado a vida em comum. A lei perseguia o culpado pela separação, ainda que o casamento tivesse se dissolvido pelo falecimento de um dos cônjuges.

Reconhecido que o sobrevivente não havia sido o responsável pelo fim da vida em comum, seu direito sucessório

---

34. Sílvio Venosa, Direito civil – Direito de família, 146.

persistia. Ou seja, se o falecimento aconteceu até dois anos depois da separação do casal, o viúvo continuava na condição de herdeiro. Fazia jus ou à herança ou ao direito de concorrência sucessória, inclusive sobre o patrimônio amealhado depois da separação. Não era necessário sequer comprovar que não teve culpa pelo fim da vida conjugal. No entanto, vindo um a morrer depois de cessada a convivência há mais de dois anos, a lei autorizava o cônjuge sobrevivente a acionar o Judiciário para discutir a culpa do falecido. É o que Rolf Madaleno chama de "culpa mortuária".[35]

Ou seja, mesmo depois da morte não abandonava o Estado o interesse em identificar culpados e premiar inocentes. No âmbito do direito sucessório, a culpa, ou melhor, a sua ausência, trazia benefícios (CC 1.830). Ainda que estivesse o casal separado de fato há mais de dois anos, era possível que o cônjuge sobrevivente fizesse jus à herança: bastava que a convivência não tivesse se tornado insuportável por responsabilidade sua.[36]

Duplo fundamento impôs o afastamento de tal possibilidade. Consagrada pela jurisprudência que é a separação de fato que enseja o rompimento da comunicabilidade dos bens, não há como subsistirem efeitos no âmbito do direito sucessório. Ao depois, com o banimento do instituto da culpa quando da separação, desaparece a possibilidade de ser ressuscitada quando a dissolução do casamento decorre da morte. Nada justifica persistir o direito à herança após a separação de fato, que termina com o casamento, suspende os deveres conjugais e rompe o regime de bens.

Seria absurdo o sobrevivente conservar o direito à herança e à concorrência sucessória e assim receber parte do quinhão hereditário mesmo que o casal estivesse separado por mais

---

35. Rolf Madaleno, A concorrência sucessória e o trânsito processual, 146.
36. Maria Berenice Dias, Manual das sucessões, 55.

de dois anos. Basta figurar a hipótese de um dos cônjuges, depois da separação de fato, ter constituído união estável, da qual nasceram filhos e houve a aquisição de patrimônio. A depender do regime de bens, quando do seu falecimento, o ex-cônjuge poderia receber parte do patrimônio, a título de direito concorrente, eis que se trata de bens particulares, ainda que em nada tivesse contribuído para sua aquisição.

A única chance de afastar o direito do viúvo era o reconhecimento judicial da sua culpa pela ruptura da vida conjugal, e isso se a separação tivesse ocorrido mais de dois anos antes da morte. Somente nesta hipótese é que perderia o sobrevivente a condição de herdeiro. Antes disso, herdaria sempre. Depois deste prazo, continuava como herdeiro se provasse que a convivência se tornara impossível sem culpa sua. Por incrível que pareça, é isso que diz a lei (CC 1.830). Caso fosse dada interpretação literal a esse dispositivo, o direito de herança do cônjuge sobrevivente subsistiria: (a) para os separados de fato há menos de dois anos; e (b) para os separados de fato há mais de dois anos, desde que não provada a sua culpa.[37] Ou seja, a culpa pelo fim do relacionamento valeria mais que o companheirismo da nova união, hipótese em tudo contrária às diretrizes do Direito das Famílias atual, que privilegia o afeto e refuta o arcaísmo maniqueísta subjacente à culpa.

A tentativa de identificar um culpado, ainda que ele já esteja morto, tinha nítido caráter punitivo. A causa de pedir da demanda era ou a inocência do sobrevivente, ou a culpa do finado. Isso tudo sem contar que é praticamente impossível reconhecer a culpabilidade de quem já morreu há mais de dois anos. O não senso deste dispositivo é total. Tanto que se passou a reconhecê-lo como revogado quando do afastamento da culpa pelo fim da conjugalidade. Excluída a possibilidade

---

37. Euclides de Oliveira, Direito de herança, 127.

de perquirição de causas, quando do término do casamento, tal impede que sejam identificadas culpas depois da morte de um dos cônjuges.

Mas esta não é a única oportunidade em que a lei caça culpados em sede do direito sucessório. Também impede que o "concubino do testador casado" seja nomeado herdeiro ou legatário. Dito impedimento se eterniza no tempo. A nomeação do "concubino" como herdeiro testamentário só é possível depois do decurso de cinco anos da separação de fato, e isso se o ex-cônjuge não foi o culpado pela separação (CC 1.801 III). A exigência é cumulativa: a concessão de direito sucessório só pode ser levada a efeito se o testador não foi o culpado pela separação e, mesmo assim, só pode testar depois de cinco anos da separação de fato. A imprecisão da lei é flagrante. Não dá para falar em concubinato quando os cônjuges estão separados de fato, até porque inexiste impedimento para a constituição de união estável (CC 1.723 § 1.º). Pelo jeito, independentemente do tempo da separação, o culpado pelo fim do casamento não poderia nunca beneficiar o novo parceiro, mesmo que com ele viesse a constituir união estável. Não poderia sequer contemplá-lo com bens adquiridos depois da separação de fato. Ou seja, a pena pela culpa seria eterna!

Conforme refere José Fernando Simão: *Com a Emenda Constitucional, a culpa é abolida também no debate sucessório, pois se é irrelevante o motivo que levou o casamento a acabar, e tal motivo sequer pode ser abordado para impedir o fim do vínculo, motivos não há para sua discussão após a morte de um dos cônjuges. Da mesma forma, a norma exigia uma separação de fato por mais de dois anos para que o cônjuge perdesse a qualidade de herdeiro. Buscando-se a teleologia da regra, resta claro que tal prazo mantinha estreita relação com o prazo necessário ao divórcio direto (art. 1.580 § 2.º). Quem poderia se divorciar em razão da separação de fato perderia a qualidade de herdeiro. A partir de agora, basta que tenha havido a separação de fato para que possa ocorrer o divórcio e, portanto, qualquer debate de prazos ou de culpa perdeu objeto em matéria sucessória.*[38]

Mas a solução é uma só. Exclusivamente no caso de não ter ocorrido a partilha do patrimônio comum é que o sobrevivente faz jus à meação dos bens adquiridos antes da separação, se assim autorizar o regime de bens. No entanto, tendo ocorrido a separação de fato antes da morte, o sobrevivente não pode, em nenhuma hipótese, ser reconhecido como herdeiro nem contemplado com a herança.

6.8 Ausência e a nomeação do curador

Com o fim da separação é indispensável espancar de todo o sistema jurídico a possibilidade de o casamento continuar produzindo efeitos depois da separação de fato do casal.

A lei insistia em assegurar direitos até a decretação da separação judicial (CC 1.575 e 1.576). Em face disso, em mais de uma situação perpetuava-se a eficácia do casamento para além da separação de fato. No entanto, a partir da consolidação da jurisprudência que conferiu à separação de fato todos os efeitos – fim dos deveres conjugais e do regime de bens do casamento –, não se justifica emprestar qualquer eficácia a um casamento já solvido pelo término da convivência.

De forma para lá de absurda defere a lei legitimidade ao cônjuge do ausente de ser nomeado o seu curador, ainda que estivessem separados pelo período de dois anos (CC 25). Assim, mister excluir do indigitado dispositivo legal não só a referência à separação judicial, mas também a possibilidade de conceder a curadoria do ausente a quem estivesse dele separado de fato quando do seu desaparecimento.

---

38. José Fernando Simão, A PEC do divórcio: a revolução do século em matéria de direito de família.

De qualquer modo, apesar de a separação de fato romper os deveres matrimoniais, não há como excluir do cônjuge – ainda que estivessem separados quando o outro desapareceu – a possibilidade de requerer a declaração da ausência e a abertura provisória da sucessão. Isso porque há a possibilidade de haver questões de ordem patrimonial a serem solvidas. Basta figurar a hipótese de existirem bens comuns que, com a separação de fato, não foram divididos (CC 27 III). Assim, desaparecendo um dos cônjuges é de se reconhecer o interesse do outro para a declaração da ausência e abertura provisória da sucessão. Mas só pode ser nomeado curador se estiver na posse dos bens comuns.

6.9 O beneficiário de seguro

A tendência de favorecer o cônjuge mesmo separado de fato, contanto que não tivesse sido decretada a separação judicial, está presente também em sede do direito securitário.

Admite a lei que, na falta de indicação do beneficiário, o pagamento do capital segurado seja feito ao "cônjuge não separado judicialmente" (CC 792). O dispositivo evidencia a possibilidade de o pagamento ser feito a favor do cônjuge que já se encontrava separado de fato do instituidor do seguro quando do seu falecimento.

Quer pelo fim da separação judicial, quer por estar mais do que pacificado na jurisprudência que a separação de fato rompe o casamento, imperioso excluir do indigitado dispositivo legal a expressão "não separado judicialmente". Assim, somente o cônjuge que convivia com o instituidor quando de sua morte pode se beneficiar do seguro.

Esta é a única forma de assegurar consonância com o art. 793 da lei civil: *É válida a instituição do companheiro como beneficiário, se ao tempo do contrato o segurado era separado judicialmente, ou já se encontrava separado de fato.*

Não há como deferir o seguro a quem não mais convivia com o segurado, deixando de beneficiar a pessoa que com ele mantinha uma entidade familiar.

E, mesmo que o falecido não mantivesse união estável, qualquer um pode receber o seguro, menos quem não mais cônjuge era.

7
O DIVÓRCIO HOJE

Com a entrada em vigor da Emenda Constitucional 66/2010, finalmente foi sepultado o instituto da separação, que só existiu para, em um primeiro momento, assegurar a aprovação da dissolubilidade do casamento, em um país marcadamente conservador e sujeito a forte influência religiosa. Por isso a imposição de duplicidade de formas, amarras e muitas restrições. Como bem refere Rodrigo da Cunha Pereira: *A moral condutora da manutenção deste arcaico sistema, assim como a da não facilitação do divórcio, é a preservação da família. Pensa-se que se o Estado dificultar ou colocar empecilhos, os cônjuges poderão repensar e não se divorciarem; ou, se apenas se separarem, poderão se arrepender e restabelecerem o vínculo conjugal.*[1]

O divórcio dito direto só era admitido quando o casal já estava separado há mais de cinco anos quando da emenda constitucional que admitiu a dissolubilidade do casamento (28 de junho de 1977). Fora disso, a única forma de dissolver o vínculo conjugal era por meio da conversão da separação em divórcio. Lentamente a legislação foi enxugando procedimentos, reduzindo prazos e desprezando causas. Mas a mudança se tornou indispensável quando, por construção jurisprudencial, passou-se a antecipar os efeitos da separação. A partir do momento em que a separação de fato começou a ter a mesma eficácia da separação judicial, nada mais justificava a mantença da dupla via para chancelar-se o fim do casamento. Em boa hora foi definitivamente *sepultada a esdrúxula dicotomia, de*

---
1. Rodrigo da Cunha Pereira, A Emenda Constitucional n. 66/2010...

nenhuma compreensão perante os jurisdicionados, da existência de dissolução da sociedade conjugal, através da separação, e dissolução do vínculo matrimonial, através do divórcio.[2]

Para a implantação imediata da nova sistemática, não foi necessário sequer aguardar alterações na esfera infraconstitucional, pois o divórcio – bem ou mal – já estava previsto na legislação civil e processual. Tanto é assim que a novidade vem sendo implantada por juízes e tribunais.

Para assegurar a efetividade da mudança, o jeito foi aplicar, no que coubesse, as regras referentes à separação judicial. O que não cabia era esperar de braços cruzados a mudança da legislação ordinária para dar vida à tão sonhada simplificação da vida que a concessão imediata do divórcio acarretou.

7.1 Demandas do divórcio

O divórcio dissolve o vínculo do casamento (CC 1.571 § 1.º). A separação judicial não tinha o mesmo poder, pois somente rompia a sociedade conjugal. A diferença de ordem prática entre os dois institutos era que a separação não permitia novo casamento, enquanto os divorciados ficam livres para casar novamente. Levada a efeito a separação judicial, somente depois de um ano era possível a sua conversão em divórcio. E para a obtenção do divórcio direto era necessário aguardar o decurso do prazo de dois anos do término da vida em comum.

Após a Emenda Constitucional 66/2010, o divórcio pode ser requerido a qualquer tempo. No mesmo dia ou no dia seguinte ao casamento. Acabou o desarrazoado prazo de espera, pois nada justifica impor que pessoas fiquem dentro de uma relação quando já rompido o vínculo afetivo.

---

2. Newton Teixeira Carvalho, O fim da separação no ordenamento jurídico brasileiro.

Agora o único modo de dissolver o casamento é por meio do divórcio, quer de forma consensual – quando este é o desejo de ambos os cônjuges –, quer por meio de ação litigiosa, no caso de a iniciativa ser somente de um do par. Se os cônjuges não tiverem pontos de discordância podem obter o divórcio sem a intervenção judicial, pois é possível levá-lo a efeito extrajudicialmente perante um tabelião. Esta via, porém, só é admissível quando não houver filhos menores ou incapazes, caso em que a chancela judicial é indispensável (CPC 1.124-A).

Ainda que nada diga a lei, necessário que na ação de divórcio – seja consensual, seja litigiosa – reste decidida a guarda dos filhos menores ou incapazes, o valor dos alimentos e o regime de visitas, por aplicação analógica ao que a lei determinava quanto à separação (CPC 1.121). Mesmo não mais existindo a separação, o procedimento persiste para o divórcio.

Depois de decretado o fim do casamento, nada obsta a busca de alteração de alguma das cláusulas do acordo, como alimentos, guarda de filhos etc. Em face da prioridade recém--conferida à **guarda compartilhada**, pode o genitor, por exemplo, pleitear que seja alterado o que ficou definido, quer consensualmente, quer por decisão judicial (CC 1.583 e 1.584).

No que diz respeito à **partilha de bens**, não precisa ser levada a efeito quando do divórcio (CC 1.581). No entanto, se a partilha foi homologada, não cabem alterações posteriores. Descobertos outros bens, em lugar de se desconstituir a partilha, procede-se à **sobrepartilha**. Esses pedidos devem ser formulados em ação autônoma, embora não haja impedimento a que sejam veiculados nos mesmos autos. Não se pode olvidar o caráter instrumental do processo.

Com o divórcio há a alteração do **estado civil** dos cônjuges, que de casados passam a ser divorciados. A morte de um dos ex-cônjuges não altera o estado civil do sobrevivente, que continua sendo divorciado, não passando à condição de viúvo.

7.1.1 Legitimidade das partes

A demanda de divórcio é **personalíssima**, sendo exigida a presença dos cônjuges, quer na ação judicial, quer quando levado a efeito extrajudicialmente (CC 1.582). Ninguém mais do que eles tem **capacidade** para compreender o ato da separação.[3] Para demandarem o divórcio, as partes precisam ser capazes. A partir do implemento da maioridade, a capacidade é presumida (CC 5.º). O casamento também faz cessar a incapacidade dos menores de idade (CC 5.º parágrafo único II), não se podendo mais falar em representatividade dos ascendentes.

A incapacidade necessita ser reconhecida judicialmente por meio do processo de **interdição**. Nomeado curador, a ele cabe a representação do curatelado para todos os atos da vida civil (CPC 8.º). No entanto, para propor ação judicial referente ao vínculo de casamento, ou para defender o cônjuge sem plena capacidade, é concedida legitimidade representativa não só ao curador, mas também aos ascendentes e aos irmãos (CC 1.576 parágrafo único e 1.582 parágrafo único).

A razão de o legislador legitimar, para as ações matrimoniais, outras pessoas para representar quem não goza da plena capacidade justifica-se porque os cônjuges têm preferência no exercício da curatela (CC 1.775). Assim, se um é curador do outro, inquestionável o conflito de interesses entre eles em demanda referente ao casamento. Logo, quando do fim do enlace conjugal, faz-se necessário assegurar a outrem **legitimação extraordinária** para vir a juízo em nome do incapaz.

Em face da expressa legitimidade deferida para esse fim aos ascendentes e aos irmãos, dispensável a prévia interdição.

---

3. Sílvio Venosa, Direito civil – Direito de família, 225.

De qualquer modo, mesmo que a parte já esteja interditada, sendo o cônjuge o seu curador, é desnecessário pedir sua substituição para que os parentes eleitos pela lei possam vir a juízo. A legitimidade é legal, sendo despicienda a nomeação de novo curador. Basta a prova da limitação de ordem psíquica para justificar a presença de um terceiro em juízo representando o incapaz. No entanto, *ad cautelam*, o melhor é solicitar a **curatela provisória**.

O **Ministério Público**, igualmente, tem possibilidade de desempenhar tal múnus. Ainda que ele não tenha sido lembrado pelo legislador civil, sua legitimidade é assegurada na lei processual (CPC 82 I e II). Questiona-se se essa legitimidade excepcional é deferida somente para as ações litigiosas, ou se é possível que haja a representação do cônjuge incapaz para a dissolução consensual do casamento, seja de forma judicial ou extrajudicialmente. O tema divide a doutrina. Como inexiste qualquer restrição legal, não cabe interpretação restritiva.[4] Ninguém duvida que o curador nomeado de forma regular possa representar o interditado. Mas se o curador for o cônjuge, este não pode assisti-lo na ação. Assim, impositivo reconhecer não só aos parentes, mas também ao Ministério Público a condição de **substituto processual** com legitimidade para a ação, mesmo que não haja prévia interdição. Os legitimados extraordinários podem representar o cônjuge interditado na busca do divórcio consensual. Afinal, descabido impedir a dissolução da sociedade conjugal quando o casamento esteja findo. De todo injustificável condenar alguém a ficar casado por ser incapaz. A própria lei facultava tal possibilidade (CC 1.572 § 2.º), ainda que penalizasse a postura do cônjuge que intentava a ação de separação (CC 1.572 § 3.º).

---

4. Sebastião Amorim e Euclides de Oliveira, Separação e divórcio: teoria e prática, 53.

7.1.2 Judicial

O divórcio está acanhadamente regulado no Código Civil. Diz que é uma das causas do término da sociedade conjugal (CC 1.571 IV), além de ter o condão de dissolver o casamento (CC 1.571 § 1.º). Enquanto a anulação do casamento está regulamentada em 17 artigos, sete parágrafos e 21 incisos, o divórcio direto não dispõe sequer de um dispositivo próprio. Está previsto em um parágrafo do artigo que regulamenta a conversão da separação em divórcio (CC 1.580 § 2.º). Fora disso, há somente a identificação dos legitimados para propor a demanda (CC 1.582) e a dispensa da partilha de bens para a sua decretação (CC 1.581).

Em face da atenção assegurada aos filhos no momento da separação dos pais (CC 1.583 a 1.590), insiste a lei em afirmar a inalterabilidade dos direitos e deveres dos pais com relação à prole, em decorrência do divórcio ou do novo casamento de qualquer dos cônjuges (CC 1.579). A **obrigação alimentar**, que decorre tanto dos laços de parentesco como do poder familiar, não sofre modificação com a mudança do estado civil do devedor. No entanto, está se consolidando corrente jurisprudencial no sentido de permitir a revisão do valor dos alimentos quando o alimentante estabelece novo vínculo afetivo, ou ocorre o nascimento de outros filhos.

Com a possibilidade de o divórcio ocorrer **extrajudicialmente**, a via judicial deveria ficar restrita aos divorciandos que tenham filhos menores ou incapazes. Nada justifica facultar o acesso à Justiça quando a dissolução do vínculo conjugal é de pessoas maiores e capazes. Mas em face da garantia constitucional de acesso à justiça, não há como impedir o uso da via judicial ainda que o divórcio seja consensual e não exista prole.

Somente quando não há consenso entre os cônjuges é necessária a intervenção judicial. Porém, como nada precisa ser alegado ou comprovado, basta a manifestação de um dos cônjuges pelo divórcio. Ainda que o outro resista, cabe ao juiz decretá-lo. Afinal, ninguém pode permanecer casado contra a vontade.

Quando da entrada em vigor do Código Civil, diante da concorrência normativa, a Lei do Divórcio restou quase inteiramente derrogada, permanecendo somente a regulamentação do divórcio consensual (LD 40).

Mantêm-se no panorama legal poucos fragmentos de caráter processual (CC 2.043). Mesmo extinta a separação, mister aplicar o procedimento da separação para o divórcio consensual. A petição inicial deve ser assinada não só pelas partes (CPC 1.120), mas também pelos advogados. A assinatura pode ser a rogo de quem não puder ou não souber assinar, sendo dispensável o reconhecimento de firma das partes quando o pedido for assinado na presença do juiz (LD 34 § 4.º).

7.1.3 *Extrajudicial*

De enorme significado a possibilidade de a dissolução consensual do casamento, bem como a realização de inventários e partilhas, ser levada a efeito extrajudicialmente por pública escritura perante o tabelião (CPC 1.124-A).[5] A mudança revelou-se reformadora quanto à dinâmica a que se propõe para desafogar o Judiciário, e inovadora quanto aos meios de atingir seus objetivos, provocando efeitos em cadeia, não imaginados pelo legislador.[6] *As novas funções que têm sido atribuídas aos notários e registradores, como substitutos da jurisdição, trazem junto, além da qualificação como agentes da segurança jurídica,*

---

5. As Leis 11.441/07 e 11.965/09 alteraram dispositivos do Código de Processo Civil, possibilitando o divórcio consensual por via administrativa.
6. Maria Luiza Póvoa Cruz, Separação, divórcio e inventário por via administrativa, 12.

da prevenção de litígio e da paz social, o robustecimento dos ônus do esclarecimento e aconselhamento jurídicos das partes.[7]

Essa permissão extrajudicial, ao permitir no âmbito administrativo atos até então exclusivos do Judiciário, inovou de tal forma que não existe sequer previsão de qualificação do estado civil das pessoas separadas extrajudicialmente.[8] Não mais se podia falar em "separados judicialmente", pois a separação não foi levada a efeito pela via judicial. Prevalece o entendimento de que a situação do par seria de "separados juridicamente".

A EC 66/2010 em nada alterou questões de natureza procedimental, seja na esfera judicial ou na extrajudicial. Desse modo, tais demandas, quando envolvem somente maiores e capazes, podem ser solvidas na via administrativa sem a participação do juiz e do Ministério Público. Aliás, por inexistir conflito entre as partes, esses procedimentos, quando em juízo, são chamados de **jurisdição voluntária**.

Como a reforma constitucional eliminou a separação, esta não pode mais ser levada a efeito, nem judicial nem extrajudicialmente. Se o procedimento se encontrava em tramitação quando da edição da EC 66/2010, caso os cônjuges não concordem em fazer o divórcio, não deve o tabelião lavrar a escritura de separação. Enfático Pablo Stolze: *Se, por equívoco ou desconhecimento, após o advento da nova Emenda, um tabelião lavrar escritura de separação, esta não terá validade jurídica, por conta da supressão do instituto em nosso ordenamento, configurando nítida hipótese de nulidade absoluta do acordo por impossibilidade jurídica do objeto (art. 166 II CC).* Afirma ele que a nulidade é absoluta em face da gravidade do vício que porta. Assim, é impugnável por qualquer interessado, pelo

---

7. Paulo Hermano Soares Ribeiro, Análise preliminar da EC 66/10 e seus reflexos no divórcio por escritura pública.
8. Dimas Messias de Carvalho, Divórcio judicial e administrativo, 4.

Ministério Público e até de ofício pelo juiz (CC 168). E, em se tratando de negócio nulo, não admite confirmação, sendo imprescritível a ação para decretar-lhe a nulidade.[9] Esta é a posição majoritária da doutrina.[10]

Pela forma como está redigido o novo dispositivo processual, o procedimento extrajudicial é facultativo, não podendo o juiz recusar-se a homologar o pedido feito em sede judicial, quer porque a lei fala em "poderão" ser realizados por escritura pública, quer porque existe a garantia constitucional da inafastabilidade da jurisdição (CF 5.º XXXV). É o que todos pensam.

Porém, não há como deixar de reconhecer que falta interesse de agir a quem pretende a dissolução amigável do casamento pela via judicial, pois todos os efeitos pretendidos podem ser obtidos extrajudicialmente. Assim, presente a carência da ação, a dar ensejo à extinção do processo (CPC 267 VI) e indeferimento da petição inicial (CPC 295 III).[11]

Da escritura devem constar estipulações quanto à obrigação alimentar entre os cônjuges, a partilha dos bens, bem como sobre a mantença do nome de casado ou o retorno ao nome de solteiro, daquele que, ao casar, alterou o seu nome. Nada sendo referido a este respeito, presume-se que o cônjuge que adotou o sobrenome do outro vai assim permanecer. Porém, nada obsta que, a qualquer tempo, busque a exclusão do nome, o que pode ser levado a efeito por meio de declaração

---

9. Pablo Stolze Gagliano, O novo divórcio, 71.
10. Neste sentido: José Fernando Simão, A PEC do divórcio: a revolução do século em matéria de direito de família; Paulo Hermano Soares Ribeiro, Análise preliminar da EC 66/10 e seus reflexos no divórcio por escritura pública.
11. Neste sentido: Cristiano Chaves de Farias, O novo procedimento para a separação e o divórcio consensuais..., 53; Fernando Gaburri, Primeiros apontamentos sobre separação e divórcio extrajudiciais; Newton Teixeira Carvalho, O fim da separação no ordenamento jurídico brasileiro.

unilateral, em nova escritura pública, não sendo necessária a via judicial. A alteração deve ser comunicada ao registro civil.

As partes precisam ser assistidas por **advogado**, podendo o mesmo profissional representar ambos. Como foi dispensada a presença do magistrado e a intervenção do Ministério Público, a responsabilidade do advogado redobra.[12] Comparecendo todos ao tabelionato, não há necessidade de instrumento de procuração, bastando que as partes e os advogados firmem a escritura. Quando as partes se declararem pobres, podem ser assistidos pela Defensoria Pública. Nessa hipótese, os atos notariais serão gratuitos (CPC 1.124-A § 3.º). A gratuidade alcança também os atos registrais junto aos registros civil e imobiliário.

Quanto ao pagamento de custas e emolumentos em favor dos notários e registradores, silenciou a lei sobre valores, mas Resolução do Conselho Nacional impediu a cobrança de emolumentos proporcional ao valor dos bens.[13]

Por falta de previsão legal, o tabelião não pode se negar a proceder ao registro da escritura dissolutória do casamento, pois se trata de **negócio jurídico bilateral** decorrente da autonomia privada, não comportando objeções ou questionamentos do Estado.[14] A negativa do notário dá ensejo ao uso de mandado de segurança, havendo ainda a possibilidade de manejo, pela própria parte, do procedimento administrativo de dúvida (LRP 198 e 280). No entanto, a Resolução do CNJ[15]

---

12. Luiz Felipe Brasil Santos, Anotações acerca das separações e divórcios extrajudiciais (Lei 11.441/07).
13. Resolução 35 do CNJ: Art. 5.º É vedada a fixação de emolumentos em percentual incidente sobre o valor do negócio jurídico objeto dos serviços notariais e de registro (Lei 10.169, de 2000, art. 3.º, inciso II).
14. Cristiano Chaves de Farias, O novo procedimento..., 61.
15. Resolução 35 do CNJ: Art. 52. A Lei 11.441/07 permite, na forma extrajudicial, tanto o divórcio direto como a conversão da separação

admite a possibilidade de recusa, se houver fundados indícios de prejuízo a um dos cônjuges, ou em caso de dúvida sobre a declaração de vontades. A negativa, no entanto, deve ser fundamentada e fornecida por escrito. Tal ocorrência nada mais seria do que a transposição para a sede administrativa da chamada cláusula de dureza (CC 1.574 parágrafo único e LD 34 § 2.º). Cristiano Chaves de Farias, entretanto, sustenta que o juiz não pode nem mais deixar de homologar o pedido de dissolução do casamento, sob pena de tratar desigualmente pessoas que estão na mesma situação.[16]

Não há necessidade do comparecimento dos cônjuges ao Cartório de Notas, não existindo a **audiência conciliatória** que era indispensavelmente feita pelo juiz. A presença das testemunhas servia para fazer prova do cumprimento do lapso temporal de dois anos. Com a inexigibilidade dos prazos, o papel das testemunhas desapareceu.[17]

Já que a dissolução do casamento é um negócio jurídico, possível que os cônjuges se façam representar por **procurador** com poderes específicos para o ato, outorgados por escritura pública (CC 657). *Detectada a natureza negocial da extinção matrimonial por escritura pública, não há como negar a possibilidade de representação privada por uma ou mesmo por ambas as partes interessadas, apenas exigida a concessão de poderes específicos e constituição por escritura pública.*[18] Como para o casamento os noivos podem estar representados por procurador (CC 1.535), impositivo assegurar igual faculdade quando da sua dissolução.

---

em divórcio. Neste caso, é dispensável a apresentação de certidão atualizada do processo judicial, bastando a certidão da averbação da separação no assento de casamento.

16. Cristiano Chaves de Farias, O novo procedimento..., 62.
17. Paulo Hermano Soares Ribeiro, Análise preliminar da EC n. 66/10 e seus reflexos no divórcio por escritura pública.
18. Cristiano Chaves de Farias, O novo procedimento..., 53.

Nada obsta que as partes estabeleçam na escritura **outros ajustes** – doações recíprocas; instituição de usufruto, uso ou habitação em favor de um deles ou de terceiros; cessão de bens – ou que assumam obrigação de qualquer ordem.[19] No mesmo assento pode um outorgar procuração ao outro.[20] Igualmente, há a possibilidade de retificarem extrajudicialmente ajustes feitos de forma consensual na separação ou no divórcio.[21]

Apesar de a lei referir que na escritura devam constar a **descrição e a partilha dos bens comuns**, não há como impor tal exigência. O dispositivo não revogou nem o Código de Processo Civil – que libera a partilha para momento posterior (CPC 1.121 § 1.º) – nem o Código Civil – que admite o divórcio sem a prévia partilha de bens (CC 1.581). Assim, ainda que existam bens, não precisam ser partilhados para o uso da via extrajudicial.

Descabido impor o divórcio judicial pelo só fato de os cônjuges pretenderem manter indiviso o patrimônio comum. Ainda que recomendável, não há sequer a necessidade de serem arrolados os bens, bastando a referência de que a divisão do patrimônio não será realizada. Enquanto isso, os bens ficam em **estado condominial**. Também nada impede que sejam partilhados alguns bens, restando os demais para serem divididos em momento posterior, quer por conveniência das partes, quer por inexistir consenso na partição. Mesmo que omita o casal a existência de bens, não há óbice a que a divisão seja levada a efeito posteriormente.

Depois do divórcio, a qualquer momento é possível ser feita a partilha, ou pela via judicial (se não houver acordo de vontades) ou por meio de nova escritura de partilha de bens.

---

19. Ob. cit., 61.
20. Adriano Perácio de Paula, Divórcio e separação em cartório, 7.
21. Resolução 35 do CNJ: Art. 44. É admissível, por consenso das partes, escritura pública de retificação das cláusulas de obrigações alimentares ajustadas na separação e no divórcio consensuais.

Levada a efeito a divisão igualitária do acervo patrimonial, não incide **imposto** algum, pois a cada um caberá bens de sua propriedade. Havendo desequilíbrio na partilha, ficando um dos cônjuges com mais bens do que o outro, tal configura **doação**, incidindo o que se chama de **imposto de reposição** (ITCMD).[22]

Os cônjuges podem escolher livremente o tabelionato, não havendo qualquer regra que fixe competência. Aos atos notariais a lei assegura a qualidade de título hábil para o registro de imóveis e o registro civil. As escrituras públicas lavradas perante o tabelião constituem **título executivo extrajudicial** (CPC 585 II). Depois de assinada a escritura, deve o traslado ser encaminhado ao **registro civil** para a devida averbação no assento de casamento e de nascimento dos ex-cônjuges. Na hipótese de ter havido partilha de bens imóveis, cópia do ato deve ser enviada ao respectivo **registro imobiliário**. A escritura é documento hábil perante instituições bancárias para levantamento ou transferência de numerários; perante a junta comercial, para alterações societárias; bem como para proceder à transferência de veículos junto ao departamento de trânsito.

A manifestação de vontade perante o notário, depois de firmada a escritura, é **irretratável**, mas, como se trata de negócio jurídico, pode ser anulado, por incapacidade ou vício resultante de erro, dolo, coação, estado de perigo, lesão ou fraude contra credores (CC 171). O **prazo prescricional** é o de quatro anos (CC 178). Como inexiste decisão judicial, não há falar em ação rescisória.

Por falta de referência na lei, questionamentos surgiram sobre a possibilidade de a **conversão da separação em divórcio**

---

22. Súmula 116 do STF: Em desquite e inventário, é legítima a cobrança do chamado imposto de reposição, quando houver desigualdade nos valores partilhados.

ser levada a efeito mediante escritura. Ainda que com o fim da separação não mais caiba tal procedimento, sendo admitido o divórcio direto por escritura pública, injustificável não aceitar o divórcio por conversão extrajudicialmente. Mesmo que a separação tenha ocorrido na via judicial, a conversão em divórcio podia ser feita por escritura. Só havia a necessidade de ser comprovada ou a separação judicial, ou a separação de corpos por um ano.

Mesmo depois da EC 66/2010, quem se encontra separado judicialmente preserva o direito de restabelecer a sociedade conjugal. Apesar da omissão da lei, nada impede que tal ocorra na via administrativa. Não há motivo para manter o procedimento na órbita do Judiciário, pelo só fato de a lei referir que o requerimento seja formulado nos autos da ação de separação (CC 1.577 e LD 46).[23] Somente na hipótese de os cônjuges pretenderem **alterar o regime de bens**, no ato de reconciliação, é imperioso que a pretensão seja deduzida na via judicial (CC 1.639 § 2.º).[24]

Ou seja, ainda que a separação tenha sido judicial – consensual ou litigiosa –, a reconciliação pode ser levada a efeito

---

23. Família. Separação judicial. Restabelecimento da sociedade conjugal. Superveniência da Emenda Constitucional 66/2010. Possibilidade. Efeitos jurídicos adstritos somente às separações judiciais requeridas posteriormente à sua entrada em vigor. Aplicação, ao caso concreto, do disposto no art. 46 da Lei 6.515/77. Provimento do recurso. A despeito da Emenda Constitucional n. 66/2010 ter efetivamente retirado o instituto da separação judicial do mundo jurídico, os efeitos jurídicos daquelas separações ocorridas anteriormente à entrada em vigor da referida Emenda subsistem. Os efeitos jurídicos, de fato e de direito, da separação judicial, devidamente homologados e concretizados de acordo com a legislação vigente à sua época, continuarão regidos pela decisão judicial anterior, baseada, repita-se, na Lei então em vigor (TJMG, AC 1.0313.06.205550-1/001, 1.ª T., Rel. Des Geraldo Augusto, p. 18/02/2011).
24. Cristiano Chaves de Farias, O novo procedimento..., 61.

extrajudicialmente. Não há necessidade de a escritura ser feita na mesma serventia em que ocorreu a separação. No entanto, deve haver a devida comunicação ao tabelionato que lavrou a escritura da separação, bem como ao registro civil e ao registro de imóveis. Também para a reconciliação, as partes podem ser representadas por procurador constituído por escritura pública e com poderes específicos. Essa possibilidade só existe se as partes estiverem separadas. Caso tenham se divorciado, não há mais como reverter o fim do casamento. O jeito é casar de novo.

O mesmo se diga com relação à **separação de corpos consensual**. Pode ser formalizada por escritura, quer para pôr fim ao regime de bens, quer para afastar a presunção de paternidade. Concede, a lei, a possibilidade da via registral "não havendo filhos menores ou incapazes", o que sugere que a existência dos mesmos não autorizaria o uso da via administrativa. Esta não é a conclusão sustentada por boa parte da doutrina, que afirma, com toda razão, a possibilidade da dissolução do vínculo conjugal por pública escritura, contanto que não envolva interesses indisponíveis, isto é, dos filhos enquanto menores ou incapazes.[25] Assim, solvidas judicialmente as questões referentes à guarda, a alimentos e à visitação, não existiria óbice para que o fim do casamento seja levado a efeito de forma extrajudicial.

Na hipótese de a mulher encontrar-se em estado de **gravidez**, pela sistemática legal, não haveria a possibilidade de se proceder à dissolução do casamento extrajudicialmente, até porque o nascituro faz jus a alimentos (L 11.804/08).

De qualquer forma, em todas essas hipóteses, levado a efeito o divórcio, mesmo afrontando o que diz a lei, não há como reconhecer a nulidade ou anulabilidade da escritura, com o retorno das partes à condição de casadas. O que cabe é

---

25. Idem, 86.

reconhecer a ineficácia das disposições referentes a temas que refogem à dissolução do casamento.

Mesmo que esteja em andamento a ação de divórcio, podem as partes optar pela forma extrajudicial. Nesta hipótese, deve haver a desistência da ação judicial. Só depois de homologada a desistência é que a escritura pode ser confeccionada. O tabelião somente deve aceitar o divórcio se as partes declararem inexistir ação judicial em tramitação, quer consensual, quer litigiosa. Claro que basta a afirmativa, não sendo necessária a juntada de certidões negativas.

7.1.4 Litigioso

A demanda de divórcio era de **divórcio direto**, para não se confundir com a ação de conversão da separação em divórcio. A ação de divórcio litigioso não dispõe de **causa de pedir**. Não é necessário o autor declinar o fundamento do pedido. Assim, não há defesa cabível. No dizer de Pablo Stolze, trata-se de simples exercício de um **direito potestativo**.[26] A identificação dos motivos ou a imputação da culpa não integram a demanda. Nada cabe ser alegado, discutido e muito menos reconhecido na sentença que decreta o divórcio.

Apesar de o pedido de divórcio competir aos cônjuges (CC 1.582), não há como negar a possibilidade de os divorciandos serem representados por **procurador**, com poderes especiais. Não precisa sequer ser comprovada a dificuldade do comparecimento à audiência. Basta invocar o art. 472 do CC: *O distrato faz-se pela mesma forma exigida para o contrato*. Ao depois, Resolução do Conselho Nacional de Justiça[27] dis-

---

26. Pablo Stolze Gagliano, O novo divórcio, 43.
27. Resolução 35 do CNJ: Art. 36. O comparecimento pessoal das partes é dispensável à lavratura de escritura pública de separação e divórcio consensuais, sendo admissível ao(s) separando(s) ou ao(s) divorciando(s) se fazer representar por mandatário constituído, desde

pensa o comparecimento das partes à lavratura de escritura pública de divórcio consensual. Ora, se tal é possível na esfera extrajudicial, há que ser admitido em juízo.

Como dispõe a mulher de **foro privilegiado** (CPC 100 I), a ação de divórcio deve ser proposta no seu domicílio, quer seja ela autora ou ré.

Como se trata de **ação de estado**, sempre foi reconhecida a indispensabilidade da presença do **Ministério Público** (CPC 82 II). No entanto, desde o advento do divórcio perante o tabelionado, que ocorre sem a participação ministerial, deixou de ser necessária sua intervenção, que só se justifica se existir interesse de filhos menores ou incapazes.[28]

---

que por instrumento público com poderes especiais, descrição das cláusulas essenciais e prazo de validade de trinta dias.

28. Divórcio direto consensual. Audiência de ratificação. Desnecessidade. Filhos menores. Efeitos da dissolução do vínculo. Alimentos. Capacidade do genitor. Aferição. Ministério Público. Intervenção no processo. Necessidade. Diligência instrutória. Apuração da capacidade contributiva do pai. Postulação. Desconsideração. Vício processual. Preservação dos interesses dos filhos menores. Realização. 1. A regulação constitucional conferida à dissolução do vínculo conjugal já não comporta a preservação da ritualística encadeada pela legislação subalterna antecedente à inovação no sentido de consubstanciar pressuposto da decretação do divórcio a prévia realização de audiência de ratificação, inclusive porque, mesmo antes da inovação, o próprio legislador codificado já havia viabilizado a realização da dissolução do vínculo na via extrajudicial se consoantes os consortes da inviabilidade da preservação da vida em comum e se inexistentes filhos menores advindos da união (CPC, art. 1.124-A). 2. Abstraída a necessidade de realização de prévia audiência de ratificação do interesse na colocação de termo no vínculo conjugal como pressuposto para a decretação do divórcio, inclusive porque suprida a manifestação pela iniciativa dos consortes, a subsistência de filhos menores, determinando a judicialização do pedido, pois a colocação de termo ao vínculo lhes irradiará efeitos, determina que o Ministério Público necessariamente participe do fluxo procedimental, vez que a

O réu deve ser **citado pessoalmente** (CPC 222 *a*). Encontrando-se em lugar incerto e não sabido, a citação pode ocorrer por **edital**. Ainda que o autor afirme não saber do seu paradeiro, o juiz deve diligenciar sua localização antes de determinar a citação editalícia. Porém, não é necessário esgotar todas as pistas para encontrar o réu, que não tem como se opor ao pedido.[29] Citado o réu de forma ficta, às claras que a audiência conciliatória resta prejudicada.

Apesar da recomendação legal com referência ao divórcio consensual (LD 40 § 2.º III), quer no divórcio consensual, quer no litigioso, de todo dispensável a realização de **audiência de ratificação**, faltando interesse recursal quando a realização da

---

ação que alcança direito de incapaz tem como pressuposto processual indispensável à sua constituição e desenvolvimento válido e regular a participação do *Parquet* na relação processual (CPC, arts. 82, I e 83, I e II). 3. Consubstanciando a interseção do Ministério Público na relação processual pressuposto indispensável ao desenvolvimento válido e regular do processo e devendo sua participação revestir-se de natureza ativa, sendo-lhe assegurada a postulação de diligências e de provas destinadas à preservação dos interesses do incapaz cujo direito deve velar, a desconsideração da diligência instrutória que reclamara com o escopo de ser aferida a adequação dos alimentos oferecidos pelo pai aos filhos menores irradia vício insanável ao processo, por encerrar cerceamento da atuação ministerial que resultara em prejuízo da preservação dos interesses dos incapazes (CPC, arts. 84 e 246). 4. Apelação conhecida e provida. Unânime (TJDF, AC 2010.06.1.013274-3, AC 550.954, 1.ª T. Cív., Rel. Des. Teófilo Caetano, p. 01/12/2011).

29. Apelação cível. Divórcio direto. Citação por edital. Desnecessário o pleno esgotamento das vias ordinárias para proceder-se à citação da parte ré em ação de divórcio. O direito ao divórcio tem natureza potestativa. E, em face às recentes mudanças trazidas pela EC 66, não há mais exigência de prazo de separação para sua concessão. Logo, a impugnação ao pedido de divórcio resta esvaziada, de forma que se mostra desproporcional exigir que a parte postulante do divórcio permaneça no estado de casada até que se ultime a busca pela citação real da parte ré [...] (TJSC, AC 696740 SC 2011.069674-0, 4.ª Câm. DC, Rel. Des. Luiz Fernando Boller, j. 24/02/2012).

solenidade é o objeto do recurso.[30] Principalmente depois da disjudicialização do divórcio, eis que na sede administrativa o tabelião não realiza tal ato. E, depois da EC 66/2010, ainda mais sem razão a solenidade. Ainda assim a posição não é pacífica. Dispensada pelos Tribunais de Minas Gerais[31] e Distrito Federal,[32] é exigida pela Justiça gaúcha.[33]

---

30. Direito processual civil. Divórcio. Emenda Constitucional n. 66. Art. 226, § 6.º, da CF. Audiência de ratificação. Falta de interesse recursal. Com o advento da Emenda Constitucional n. 66, acrescentando o § 6.º ao art. 226 da Constituição Federal, não há mais de se falar em audiência de ratificação em demandas de divórcio. O interesse recursal encontra-se representado pela necessidade e utilidade de se manejar o recurso. A primeira pressupõe que o recurso seja o único meio de se obter o que se pretende contra a decisão impugnada. A segunda está ligada aos conceitos de sucumbência, gravame, prejuízo que a parte possa vir a suportar como decorrência da decisão. Apelação não conhecida (TJDF, AC 20090710160215, 6.ª T. Cív., Rel. Des. Ana Maria Duarte Amarante Brito, j. 19/01/2011).

31. Conversão de separação em divórcio. Audiência de ratificação. Desnecessidade. EC 66/2010. A partir da EC n. 66/2010, o divórcio pode ser requerido sem a prévia comprovação da efetivação da separação de fato ou judicial, ou seja, o casamento civil pode ser dissolvido a qualquer tempo, sem a exigência de prazo mínimo após a formalização do casamento, mas a lei comum continua em vigor e não houve a dispensa da audiência de ratificação (TJMG, AC 0002562-68.2010.8.13.0074, 7.ª C. Cív., Rel. Des. Wander Paulo Marotta Moreira, j. 08/02/2011).

32. Divórcio direto consensual. Audiência de ratificação. Desnecessidade. Emenda Constitucional n. 66/2010. Aplicação imediata. Recurso desprovido. 1. A despeito da determinação legal acerca da realização de audiência de ratificação, não se pode olvidar o entendimento jurisprudencial que tem primado pela celeridade e economia processual e, dessa forma, o posicionamento de desnecessidade da realização da audiência, quando existam nos autos provas, ao órgão judicial, de ratificação da vontade das partes, razão pela qual sua realização, nesse caso, constitui apego à forma. 2. Sentença mantida (TJDF, AC 2010.06.1.009243-6, AC 516291, 1.ª T. Cív., Rel. Des. Lecir Manoel da Luz, p. 04/07/2011).

33. Divórcio direto. Audiência de ratificação. Necessidade. A EC n. 66/2010, que deu nova redação o art. 226, § 6.º, da CF, não impor-

A audiência só se justifica na ação judicial – consensual ou litigiosa – se existirem filhos menores ou incapazes. Ainda assim pode ser dispensada pelo juiz, o que não afeta a validade do decreto do divórcio.

De qualquer modo, designada audiência, as partes podem ser representadas por procurador e nem há a necessidade de comprovação da impossibilidade do comparecimento pessoal.[34]

A ação de divórcio pode ser **cumulada** com pedido de **alimentos**. Pela jurisprudência consolidada, este é o derradeiro momento para os cônjuges buscarem alimentos. A alegação da doutrina é que, rompido o vínculo, não mais

---

tou em automática revogação da legislação infraconstitucional que regulamenta a matéria. Mesmo que se admitisse a revogação dos requisitos temporais do divórcio e a abolição do instituto da separação judicial – como sustentam muitos –, não ficariam com isso revogados os dispositivos processuais aplicáveis ao pleito divorcista, como o que trata da necessária realização da audiência de ratificação. Deram provimento. Por maioria (TJRS, AC 70041223488, 8.ª C. Cív., Rel. Des. Luiz Felipe Brasil Santos, j. 31/03/2011).

34. Em sentido contrário: Família. Divórcio consensual judicial. Audiência de conciliação. Presença das partes. Caso excepcional. Cônjuge morando no exterior. Dispensa. Representação processual. Atos personalíssimos. Procuração com poderes. Cabimento. Malgrado a realização de audiência de conciliação seja obrigatória no âmbito da ação de divórcio consensual judicial, em casos excepcionais ela pode ser dispensada, quando, por exemplo, um dos cônjuges reside no exterior. O cônjuge residente no exterior pode ser representado na ação de divórcio consensual quando há procuração, lavrada perante a Chancelaria do Brasil no exterior, conferindo poderes específicos para o mandatário representar aquele neste tipo de demanda. Em face da superveniência da EC n. 66/2010, que deu nova redação ao art. 226, CF, e é aplicável de forma superveniente ao caso em julgamento (art. 462, CPC), é ocioso discutir se há prova do tempo da separação de fato (TJMG, AC 2827525-48.2008.8.13.0105, 1.ª C. Cív., Rel. Des. Alberto Vilas Boas, j. 24/08/2010).

permanece o **dever de mútua assistência**. Essa limitação, no entanto, não está na lei.[35] Com o fim da separação, mais se justifica a possibilidade de concessão de alimentos após o divórcio, uma vez que não mais existe lapso temporal para a sua concessão.

Quando a pretensão do autor é simplesmente a decretação do divórcio, não cabe **reconvenção**, o que seria nada mais do que o reconhecimento pelo réu do direito do autor.[36] No entanto, é possível a oposição de reconvenção quando o réu, ainda que concorde com o divórcio, pretenda solver questões outras, como, por exemplo, guarda dos filhos, visitas, alimentos e partilha de bens.

Não é necessário (CC 1.581), mas é de todo recomendável, que na ação fiquem solvidas questões patrimoniais. Conveniente que, com a inicial, venha a descrição dos bens e a pretensão de partilha para ser homologada com a sentença. De qualquer sorte, cabe a decretação do divórcio, prosseguindo a ação quanto à partilha dos bens.

A sentença que decreta o divórcio, como todas as proferidas em ações que dispõem de **eficácia desconstitutiva**,

---

35. Alimentos. Divórcio. Ex-cônjuge. Não renúncia. 1 – Os cônjuges, obrigados a prestar assistência mútua, podem pedir uns aos outros os alimentos de que necessitem para viver de modo compatível com a sua condição social (arts. 1.566, III, e 1.694, ambos do CC). 2 – Mesmo com o divórcio, se a ex-mulher necessita de alimentos e deles não renuncia, pode postulá-los. 3 – Os alimentos pressupõem que o alimentando, por não ter bens e condições de prover a sua própria subsistência pelo trabalho, deles necessite, e, ainda, as possibilidades de o alimentante fornecê-los, sem prejuízo de seu próprio sustento. Devem, pois, ser fixados em valor razoável. 4 – Apelação da autora provida em parte. Apelação do réu não provida (TJDF, AC. 2010 10 1 003406-4, 6.ª T. Cív., Rel. Des. Jair Soares, j. 18/01/2012).
36. Rodrigo da Cunha Pereira, Divórcio responsável, 197.

produz efeitos a partir do trânsito em julgado.[37] Previa a lei que os efeitos da sentença de separação retroagiam à data do decreto judicial de separação de corpos (LD 8.º). Desta eficácia retro-operante não se beneficia a sentença que decreta o divórcio. É que tanto a separação judicial como a separação de corpos somente rompiam a sociedade conjugal. Já o divórcio dissolve o vínculo matrimonial, descabendo emprestar **efeito retroativo** à sentença.

A sentença do divórcio precisa ser averbada no registro civil (CC 10 I e LRP 129 § 1.º *a*). Se houver imóveis, também no registro imobiliário (LRP 167 II 14). Se algum dos cônjuges for empresário, para valer contra terceiros, a sentença precisa ser averbada junto ao Registro Público de Empresas Mercantis (CC 980).

Ocorrendo o **falecimento** de uma das partes, mesmo após a sentença, mas antes do trânsito em julgado, extingue-se o processo.[38] Como se trata de ação personalíssima, é intransmissível, não cabendo prosseguir os herdeiros representando a sucessão (CPC 267 IX).

De forma desarrazoada, a Lei do Divórcio (LD 32) tenta emprestar efeito ao divórcio somente a partir da averbação no registro civil das pessoas naturais (LRP 29 § 1.º *a*), olvidando-se de que o registro tem efeito meramente publicitário.

---

37. Sebastião Amorim e Euclides de Oliveira, Separação e divórcio:..., 369.
38. Ação de separação judicial. Contestação com pedido de alimentos. Falecimento do autor. Perda do objeto. Ação personalíssima. Extinção do processo sem resolução de mérito. Inteligência do art. 267, inc. IX, do CPC. Recurso prejudicado. Falecendo o cônjuge, torna-se sem objeto o pedido de divórcio e o debate em torno dos alimentos, por serem assuntos que envolvem direito personalíssimo, portanto intransmissíveis a quaisquer herdeiros. Extinção da lide que se impõe, na exegese do art. 267, IX, do CPC (TJSC, AC 881765/SC 2011.088176-5, 3.ª C. Cív., Rel. Des. Maria do Rocio Luz Santa Ritta, j. 07/02/2012).

7.2 Conversão da separação em divórcio

Com o fim da separação não há mais falar em conversão de separação em divórcio. A quem está separado judicialmente, em vez de pedir a conversão, cabe pedir diretamente o divórcio. No entanto, insistem alguns em propor pedidos de conversão, pela via judicial ou extrajudicialmente.

Quando buscada a **via extrajudicial**, cabe ao notário simplesmente lavrar escritura de divórcio, dispensando a prova do adimplemento de prazos para a concessão.

Proposta **ação de conversão da separação em divórcio**, quer consensual, quer litigiosa, cabe a decretação do divórcio, não sendo necessário determinar emenda da inicial, pois não existe impossibilidade jurídica do pedido.[39] Despiciendo exigir

---

39. Família e processo civil. Impossibilidade jurídica do pedido. Inexistência. Questões prejudiciais, em feitos outros, à ação de divórcio. Ausência. Divórcio. Emenda Constitucional n. 66/2010. Eliminação da separação. Litigância de má-fé. Ausência de provas de dano processual. 1. Repele-se assertiva de impossibilidade jurídica do pedido, pois, no caso em tela, o Autor, ora Apelado, postula a conversão da separação judicial em divórcio, pleito que, além de não se encontrar vedado pelo ordenamento jurídico pátrio, tem respaldo legal. 2. Na hipótese vertente, o desfecho de ação anulatória de cláusula de separação, bem como de ação de alimentos, não repercute no deslinde do feito de decretação de divórcio, mormente diante da Emenda Constitucional n. 66/2010, que aboliu o instituto da separação. [...] 4. Com o advento da Emenda Constitucional n. 66, de 13 de julho de 2010, o § 6.º do art. 226 da Constituição Federal de 1988 passou a vigorar com a seguinte redação: Art. 226. A família, base da sociedade, tem especial proteção do Estado. (...) § 6.º O casamento civil pode ser dissolvido pelo divórcio. 5. No caso em destaque, inexistem impedimentos para o divórcio do Requerente da Requerida, sobretudo, porque, diante da Emenda Constitucional n. 66/2010, inexiste prazo para converter a separação em divórcio. 6. Cediço que, para a condenação na multa por litigância de má-fé, sua imposição deve ser motivada. No caso vertente, a interposição do presente recurso consubstancia direito da parte, não espelhando qualquer das situações descritas no art. 17

o cumprimento do lapso temporal ou das obrigações assumidas pelas partes.[40]

---

do Diploma Processual Civil. Ademais, na esteira do que já decidiu o colendo Superior Tribunal de Justiça, o reconhecimento da litigância de má-fé depende de que a outra parte comprove haver sofrido dano processual, o que não foi demonstrado in casu. 7. Negou-se provimento ao apelo (TJDF, AC 20070610056924APC, 1.ª T. Cív., Rel. Flavio Rostirola, j. 23/03/2011).

40. Apelação. Separação. Divórcio. Conversão. Obrigações. Descumprimento. Óbices. Descaracterização. Deferimento. Emenda 66/10. Sentença. Confirmação. Recurso. Desprovimento. Possível é a conversão da separação judicial em divórcio, mesmo ante o descumprimento de obrigações assumidas pelas partes, o que não constitui óbices para o deferimento da conversão, máxime após a vigência da Emenda Constitucional 66/10 (TJBA, AC 0037057-3/2003, 5.ª C. Cív., Rel. Des. Emilio Salomão Pinto Reseda, j. 25/01/2011).

8
DISSOLUÇÃO DO CASAMENTO E AÇÕES CUMULADAS

Como o casamento traz em suas entranhas uma série de relações outras – como a solidariedade familiar e os encargos decorrentes do poder parental –, produz um emaranhado de relações jurídicas. Assim, quando da sua dissolução, há demandas outras que lhe são correlatas. A solução de algumas delas inclusive é obrigatória. Quando existem filhos menores ou incapazes, para pôr fim ao casamento é indispensável solver questões que dizem com alimentos e o direito de convivência. Isso quer nas ações consensuais, quer nas litigiosas.

Já os temas que se referem ao casal não necessariamente precisam ser solvidos junto com a demanda dissolutória do casamento. O exemplo mais recorrente é a partilha de bens. Não precisa ocorrer a divisão do patrimônio quando da dissolução da união. Mas no que diz com o nome e os alimentos entre os cônjuges, devem ser definidos, apesar de haver a possibilidade de serem revistos em momento posterior. Optando o cônjuge que adotou o nome do outro por mantê-lo ou abandoná-lo quando da separação, tal pode ser revisto, unilateralmente, em momento posterior. No entanto, em sede de alimentos, a doutrina amplamente majoritária sustenta que, dispensados na separação não é possível buscá-los posteriormente. Depois do divórcio, não mais.

Com o fim da separação desapareceu a discussão sobre causas e imputação da culpa, esvaziando-se o objeto da ação dissolutória do casamento. Nada cabe ser controvertido sobre o fim da sociedade conjugal. Quando há demandas cumuladas, o divórcio deve ser decretado de imediato, persistindo a possibilidade de prosseguirem tramitando as demais querelas.

Existindo filhos menores ou incapazes, as questões relativas a eles precisam ser acertadas. É indispensável a fixação do encargo alimentar e a definição da forma de convivência com os pais. Já os aspectos patrimoniais não carecem de definição, eis ser possível a concessão do divórcio sem partilha de bens (CC 1.581).

8.1 Alimentos

Impõe a lei o **dever de mútua assistência** de forma recíproca. Daí a obrigação alimentar entre os cônjuges, mesmo depois de finda a união. A quem precisa de alimentos é assegurado o direito de viver de modo compatível com sua condição social, inclusive para atender às necessidades de educação (CC 1.694).

A identificação dos obrigados a pagar alimentos obedece a uma ordem. A primeira referência é aos **parentes** e depois ao cônjuge (CC 1.694). Porém, tal não significa que a responsabilidade dos parentes seja preferencial à obrigação do cônjuge. Isso porque o dever dos parentes tem origem no **dever de solidariedade**, e a obrigação alimentar entre **cônjuges** decorre do **dever de assistência**. Por isso, ao contrário da ordem legal, o primeiro obrigado é o cônjuge.

Além de identificar quem são os obrigados, a lei indica os parâmetros para a quantificação do valor dos alimentos: as necessidades de quem os reclama e as possibilidades de quem tem o dever de pagar (CC 1.694 § 1.º). No entanto, a lei faz uma ressalva: quando a situação de necessidade resulta da culpa de quem os pleiteia, os alimentos limitam-se ao indispensável à sobrevivência (CC 1.694 § 2.º). A previsão é nitidamente punitiva. Não é explicitado quais credores se sujeitariam a essa limitação. Pelo jeito, a restrição atingiria até a obrigação decorrente do poder familiar. Mas não se pode olvidar que a responsabilidade dos genitores independe da postura dos filhos, e não afasta o dever de dirigir-lhes a criação e educação (CC 1.634 I). Desse modo, mesmo que o filho tenha dado causa ao pagamento dos alimentos, o encargo não pode sujeitar-se ao fator redutor. Mas, da forma como a regra está redigida, até parece que o pai não teria sequer a obrigação de assegurar ao filho acesso à educação se ele, por exemplo, abandonou a casa paterna. Às claras que tais hipóteses se afastam, em muito, dos deveres decorrentes do poder familiar e que têm até assento constitucional (CF 229).

Já no que diz com a obrigação alimentar entre os cônjuges, o elemento culpa sempre teve um colorido bem mais acentuado. Não bastava a referência genérica à culpa pela situação de necessidade limitadora do *quantum* alimentar (CC 1.694 § 2.º). A culpa pela separação implicava na inversão da ordem dos obrigados. Somente era convocado o ex-cônjuge quando não existissem parentes em condições de prestar os alimentos. Também precisava haver a prova da inaptidão para o trabalho do credor e, ainda assim, os alimentos limitavam-se ao indispensável à sua sobrevivência.

O fim da separação judicial e a eliminação do instituto da culpa levaram de arrasto os arts. 1.702 e 1.704 da lei civil. Tais dispositivos foram banidos por fazerem expressa referência à culpa pela dissolução do casamento, questionamento que não tem mais relevância jurídica. Não persiste sequer a possibilidade de ocorrer o achatamento do valor dos alimentos, pela ocorrência de culpa geradora da situação de necessidade (CC 1.694 § 2.º). Ainda que dita responsabilidade não se confunda com a culpa pelo descumprimento dos deveres do casamento, também foi definitivamente sepultada e não gera reflexos para o estabelecimento da obrigação alimentar entre cônjuges.

Inclina-se a doutrina a afastar qualquer questionamento sobre culpas ou responsabilidades, quando da fixação do encargo alimentar entre cônjuges, devendo atentar-se somente ao binômio possibilidade-necessidade. É o que diz Rodrigo da Cunha Pereira: *A pensão alimentícia não pode estar vinculada à culpa, sob pena de se condenar alguém a passar fome ou extrema necessidade.*[1] Esta é a posição também de Paulo Lôbo: *Quanto aos alimentos, o art. 1.694 prevê o direito ao cônjuge de pedir alimentos ao outro, desaparecendo a modalidade de alimentos de subsistência, pois estava vinculado à culpa pela separação.*[2] Pablo Stolze comunga do mesmo entendimento: *Não mais existe fundamento para a discussão da culpa em sede de separação e divórcio. Não é preciso muito esforço hermenêutico para chegar à conclusão de que, com o fim da aferição da culpa e na seara do descasamento, a fixação dos alimentos devidos deve ser feita com amparo na necessidade ou vulnerabilidade do credor, na justa medida das condições econômicas do devedor. Apenas isso.*[3] Eles não são os únicos que assim pensam.[4] No entanto, parte da doutrina ainda sustenta a necessidade da identificação da culpa para o cálculo do valor dos alimentos.[5]

A verba alimentar é indispensável à sobrevivência e os parâmetros para sua fixação estão atrelados tão só à necessidade de quem os pleiteia e à possibilidade de quem os paga (CC 1.694 § 1.º). Assim, de todo descabido impor um fator de redução com base da culpa (CC 1.694 § 2.º, 1.702 e 1.704 e seu parágrafo único). Tais restrições, além de atentarem à dignidade da pessoa humana, que deve ser

---

1. Rodrigo da Cunha Pereira, Divórcio responsável, 51.
2. Paulo Lôbo, Divórcio: alteração constitucional e suas consequências.
3. Pablo Stolze Gagliano, O novo divórcio, 111.
4. Neste sentido: Antonio Carlos Parreira, Uma historinha de divórcio; Paula Maria Tecles Lara, Comentários à Emenda Constitucional n. 66/2010.
5. Neste sentido: José Fernando Simão, A PEC do divórcio...; Marco Túlio Murano Garcia, Las Vegas é aqui!; Arnoldo Camanho de Assis, Questões práticas sobre a repercussão da EC n. 66/2010 nos processos em andamento.

preservada (CF 1.º III), também afrontam o direito à privacidade e à intimidade (CF 5.º X), que são violados sempre que se perquire culpa.

Mesmo quando persistia a comprovação da culpa, invertia-se a ordem de preferência, pois em primeiro lugar era imposta a obrigação alimentar aos parentes (CC 1.704 parágrafo único). Agora, como não mais existe a possibilidade de se restringir o valor do encargo alimentar (CC 1.694 § 2.º), não ocorre sequer a inversão da ordem dos obrigados. Mesmo alegada culpa pela situação de necessidade do cônjuge que pleiteia os alimentos, ele pode dirigir a ação contra o ex-cônjuge sem precisar provar que não tem parentes que poderiam auxiliá-lo. Assim, o demandado não tem como invocar sua ilegitimidade para a ação alegando que a responsabilidade primeira é dos parentes.

Antes mesmo da EC 66/2010, a tendência da Justiça gaúcha era afastar a identificação de culpas e culpados.[6] Também o STJ já havia afirmado que a pensão não deveria ser aferida em razão da medida da culpabilidade – visto que pensão não é pena –, mas pela possibilidade que tem de prestar associada à necessidade de receber do alimentando.[7]

---

6. Apelação cível. Família. Separação litigiosa. Alimentos. Culpa. No que respeita à culpa, é entendimento pacífico deste órgão fracionário que se mostra irrelevante e um retrocesso sua imputação a um dos cônjuges. Em verdade, a contenda acerca dos alimentos deve ser analisada à luz do binômio necessidade-possibilidade. Mantida a fixação dos alimentos em favor da separanda, face à enfermidade de um dos filhos dos litigantes. Reduzido o percentual da obrigação alimentar devida aos menores, diante do princípio da proporcionalidade. Deram parcial provimento à apelação. Unânime (TJRS, AC 70010807840, 7.ª C. Cív., Rel. Dra. Walda Maria Melo Pierro, j. 15/06/2005).
7. Recurso ordinário. Mandado de segurança. Direito líquido e certo. Separação e divórcio. Prova inútil e que fere o direito à privacidade previsto na Constituição. Segurança concedida. 1. O direito líquido e certo a que alude o art. 5.º, inciso LXIX, da Constituição Federal deve ser entendido como aquele cuja existência e delimitação são

Agora com muito mais razão não é mais possível trazer para dentro da ação de divórcio questionamentos sobre a culpa, mesmo quando pedidos alimentos. Havendo a cumulação de ações, cabe a decretação do divórcio, prosseguindo a demanda de alimentos em que cabe discutir não a responsabilidade pela origem do encargo alimentar, mas simplesmente o trinômio possibilidade-necessidade-proporcionalidade.

Produzindo o fim do casamento desequilíbrio econômico entre o casal, em comparação com o padrão de vida de que desfrutava a família, cabível a fixação de **alimentos compensatórios**. Em decorrência do dever de mútua assistência (CC 1.566 III), os cônjuges adquirem a condição de consortes, companheiros e responsáveis pelos encargos da família (CC 1.565). Surge, assim, verdadeiro vínculo de solidariedade (CC 265), devendo o cônjuge mais afortunado garantir ao ex-consorte alimentos compensatórios, visando a ajustar o desequilíbrio econômico e a reequilibrar suas condições sociais.[8] Faz jus a tal verba o cônjuge que não perceber bens, quer por tal ser acordado entre as partes, quer em face do regime de bens adotado no casamento, que não permite comunicação dos aquestos.

Também cabe a concessão de alimentos compensatórios quando os bens do casal que produzem rendimentos permanecem na administração exclusiva de um do par.

---

passíveis de demonstração de imediato, aferível sem a necessidade de dilação probatória. 2. A culpa pela separação judicial influi na fixação dos alimentos em desfavor do culpado. Na hipótese de o cônjuge apontado como culpado ser o prestador de alimentos, desnecessária a realização de provas que firam seu direito à intimidade e privacidade, porquanto a pensão não será aferida em razão da medida de sua culpabilidade (pensão não é pena), mas pela possibilidade que tem de prestar associada à necessidade de receber do alimentando. 3. Recurso ordinário provido (STJ, RMS 28.336/SP, 4.ª T., Rel. Min. João Otávio de Noronha, j. 24/03/2009).

8. Rolf Madaleno, Direito de família em pauta, 211.

8.2 Nome

Tanto o homem como a mulher, quando do casamento, podem adotar o sobrenome do outro cônjuge (CC 1.565 § 1.º). A dissolução do casamento não impõe o retorno ao nome de solteiro. Quem, ao casar, alterou o seu nome, pode livremente escolher entre permanecer ou excluir o nome que havia eleito ao casar. Tais alterações dependem exclusivamente da livre vontade de quem havia trocado de sobrenome. Ainda assim, não precisa decidir-se quando da dissolução do casamento. Basta silenciar sobre este ponto para permanecer com o nome de casado. E posteriormente, a qualquer tempo, pode requer a modificação. A alteração pode ser levada a efeito por pública escritura, sem a participação ou intimação do ex-cônjuge. Mas depois do divórcio, em que houve o retorno ao nome de solteiro, nada impede que ocorra a volta ao nome de casado, mas para isso é necessário concordarem os ex-cônjuges.[9]

Antes da atual ordem constitucional, o culpado pelo fim do casamento ficava sujeito a perder a própria identidade, pois o uso do nome dependia da benemerência do "inocente", que não precisava sequer justificar o motivo para pedir a exclusão do nome pelo outro (CC 1.578). Tratava-se de verdadeiro direito potestativo. A única possibilidade de o "culpado" continuar com o nome que havia adotado era provar que a mudança poderia acarretar evidente prejuízo para a sua identificação; manifesta distinção entre o seu nome de família e o dos filhos; ou dano grave assim reconhecido pelo juiz (CC 1.578).

Com o fim do instituto da separação judicial – único espaço em que era possível questionar a culpa –, acabou esta odiosa punição, que acarretava a perda de um dos atributos

---

9. Maria Berenice Dias, Manual de direito das famílias, 138.

da personalidade. *O cônjuge culpado não perde o direito de usar o "sobrenome do outro", porque, na realidade, o sobrenome é seu mesmo, já que passou a integrar seu nome quando do casamento. Trata-se de nome próprio e não de terceiros. A perda do sobrenome em decorrência da culpa é anacronismo, que revela afronta ao direito de personalidade, e que chegará ao fim em boa hora. Assim, a questão do sobrenome não será obstáculo ao fim do debate da culpa em ação de extinção de vínculo conjugal.*[10]

É necessário lembrar que o nome não é propriedade de ninguém. O só fato de identificar a ascendência familiar não o torna de uso exclusivo de quem o adquiriu ao nascer. Aquele que adotou novo nome ao casar, o sobrenome passou a ser também seu, não mais é exclusivamente do outro. Tornou-se um dos elementos de sua identidade. *Com o casamento, o cônjuge não empresta simplesmente o seu nome ao outro que o acresce, de modo a se poder exigir que aquele que teve o nome modificado pelo enlace conjugal o altere novamente por ocasião do divórcio.*[11] Assim, quando do fim do casamento, nada justifica submetê-lo aos caprichos do ex-cônjuge. Os arts. 1.571 § 2.º e 1.578 do Código Civil se tornaram letra morta.

De qualquer modo, o agir de um não pode afetar a honra de outro, que é um atributo personalíssimo. A postura de um dos cônjuges não produz reflexos na imagem do outro, a não ser para quem considera que o casamento gera o direito de propriedade sobre o par. *Assim, o uso do nome de casado deve respeitar as regras do direito de personalidade, pois, quando o cônjuge adquire, em razão do casamento, sobrenome do outro, este passa a ser direito personalíssimo, ou seja, aquele direito que visa à individualização do sujeito na sociedade em que vive. Então,*

---

10. José Fernando Simão, A PEC do divórcio: a revolução do século em matéria de direito de família.
11. Rodrigo da Cunha Pereira, Divórcio responsável, 55.

não há que se falar em perda do nome, somente se assim desejar o consorte, cabendo unicamente a ele essa decisão.[12]

Condicionar o uso do nome – o viés mais significativo da identidade de alguém – à concordância do "dono" do nome infringe o sagrado princípio constitucional de respeito à dignidade. Como diz Rodrigo da Cunha Pereira, *o nome, à luz da psicanálise, retrata não só a identidade social, mas, principalmente, a subjetiva, permitindo que nos reconheçamos enquanto sujeitos e nos identifiquemos jurídica e socialmente.*[13] Não pode um dos elementos identificadores da pessoa ficar condicionado ao favor de alguém, à condescendência de outrem. De todo descabido perquirir sobre a vida particular do ex-cônjuge para, como uma apenação, limitar o uso do nome que é seu.

Levado a efeito o divórcio extrajudicialmente (CPC 1.124-A), vale o que os cônjuges acordarem. No silêncio, permanece inalterado o nome dos cônjuges. Porém, nada impede que, a qualquer momento, por escritura pública, seja buscado o retorno ao nome de solteiro.

Ainda que inexista previsão legal, já se encontra consagrada a possibilidade de retificação do nome no registro de nascimento dos filhos depois do divórcio. O STJ reconheceu que a manutenção do nome de casado no registro de nascimento dos filhos pode ser um óbice ao resguardo da privacidade, já que do contrário toda a vida afetiva do ex-cônjuge deveria ser passada em revista cada vez que a certidão de nascimento dos filhos fosse requerida e contrastada com documentos atuais do pai ou da mãe de nomes alterados.[14]

---

12. Paula Maria Tecles Lara, Comentários à Emenda Constitucional n. 66/2010.
13. Rodrigo da Cunha Pereira, Divórcio responsável, 56.
14. Direito civil. Registro público. Retificação do nome da genitora por modificação decorrente de divórcio. Legitimidade concorrente da genitora. Averbação à margem do assento de registro de nascimento

8.3 Partilha de bens

Em todos os regimes de bens, exceto no regime da separação convencional (CC 1.687), a dissolução do casamento gera efeitos patrimoniais. Ainda assim há a possibilidade de ser concedido o divórcio sem partilha de bens (CC 1.581, CPC 1.121 § 1.º e LD 40 § 2.º). O STJ inclusive já sumulou o tema.[15]

Mas, existindo patrimônio, é necessária sua partilha, ou quando do divórcio ou em momento posterior. A falta de partilha é causa suspensiva do novo casamento (CC 1.523 III). Ou seja, a lei tenta impedir o casamento de quem não fez a divisão do acervo patrimonial do casamento anterior. A punição é a imposição do regime da separação legal de bens (CC 1.641 I). No entanto, no momento em que é levada a efeito a partilha, possível o pedido de alteração do regime de bens, invocando o fim da causa impeditiva (CC 1.639 § 2.º).

Ainda que haja a possibilidade de manter o patrimônio indiviso, é mais do que recomendável que o casal proceda à

---

de seus filhos menores. Possibilidade. Atendimento aos princípios da verdade real e da contemporaneidade. Recurso especial a que se nega provimento. 1. O princípio da verdade real norteia o registro público e tem por finalidade a segurança jurídica. Por isso que necessita espelhar a verdade existente e atual e não apenas aquela que passou. 2. Nos termos de precedente deste STJ, "é admissível a alteração no registro de nascimento do filho para a averbação do nome de sua mãe que, após a separação judicial, voltou a usar o nome de solteira; para tanto, devem ser preenchidos dois requisitos: (I) justo motivo; (II) inexistência de prejuízos para terceiros" (REsp 1.069.864/DF, 3.ª T., Rel. Min. Nancy Andrighi, j. 18/12/2008). 3. No contexto dos autos, inexistente qualquer retificação dos registros, não ocorreu prejuízo aos menores em razão da averbação do nome de solteira de sua mãe, diante do divórcio levado a efeito. 4. Recurso especial não provido (STJ, REsp 1.123.141, Proc. 2005/0113055-8/PR, 4.ª T., Rel. Min. Luis Felipe Salomão, p. 07/10/2010).

15. Súmula 197 do STJ: O divórcio direto pode ser concedido sem que haja prévia partilha de bens.

divisão dos bens quando da dissolução do casamento. Isso porque, com a separação de fato, resta rompido o regime de bens do casamento. Há a possibilidade de a partilha, inclusive, ocorrer a título de antecipação de tutela (CPC 273), o que permite que as partes possam, desde logo, usufruir do seu patrimônio.

No **divórcio consensual**, não é necessário – mas é aconselhável – que as partes arrolem os bens e declinem a divisão que convencionaram. Nas **ações litigiosas**, deve o autor cumular o pedido de partilha, indicando os bens comuns e apresentando o esboço da divisão que pretende. Igualmente, o réu, na contestação, deve se manifestar sobre os bens e sua partição. Mesmo discordando com o rol dos bens arrolados na inicial, não há a necessidade de oferecer reconvenção, caso pretenda inserir bens outros a serem partilhados. Desse modo, a sentença, além do decreto do divórcio, solve as questões patrimoniais.

Nas ações, quer amigáveis, quer litigiosas, vem se generalizando a prática de relegar tanto a identificação do patrimônio comum, como a sua partilha, para a fase de **liquidação de sentença**. A tendência é nociva. A necessidade de procedimento liquidatório acaba perpetuando o litígio, sendo fonte de sérias desavenças e generalizado tumulto processual. A liquidação é feita por meio de nova demanda, desdobramento por demais desgastante, oneroso e tormentoso. Todavia, na maioria das vezes, é isso que ocorre, muitas com o só intuito de reduzir as custas processuais e retardar o pagamento do imposto de transmissão.

Quando, na demanda consensual ou litigiosa, os cônjuges não chegam a um acordo sobre o destino do acervo comum, a partilha segue o **rito do inventário e do arrolamento** (CPC 1.121 § 1.º e 1.031). Existindo divergências em torno da natureza, qualidade e quantidade dos bens, é necessário, antes do inventário, proceder-se à **liquidação por artigos** (CPC 475-E e 475-F). Isso porque o rito do inventário e do arrolamento não comporta questões de alta indagação (CPC 982 a 1.045) e relega-se a identificação do patrimônio para a fase de liquidação de sentença. Depois do divórcio, havendo consenso sobre a partilha, esta pode ser levada a efeito por escritura pública (CPC 1.124-A).

Não há qualquer óbice à propositura da ação de partilha nos mesmos autos da ação de dissolução do casamento, medida que atende ao princípio da economia processual. Mas resistem os juízes em facilitar a vida das partes, invocando, equivocadamente, a regra que veda reapreciar a mesma ação (CPC 463). Não há tal empecilho. Extinto o processo, podem ser formuladas pretensões outras em face do seu caráter instrumental.

Depois da separação de fato ou da separação de corpos, os bens permanecem em estado de **mancomunhão**, expressão corrente na doutrina, que, no entanto, não dispõe de previsão legal. De qualquer sorte, quer dizer que os bens pertencem a ambos os cônjuges em "mão comum". Tal figura se distingue do condomínio, situação em que o poder de disposição sobre a coisa está nas mãos de vários sujeitos simultaneamente (CC 1.314 e seguintes).

Dissolvido o casamento pelo divórcio, antes da partilha, não mais persiste o estado de mancomunhão, instalando-se entre os ex-cônjuges o **condomínio** dos bens comuns. Sendo dois os titulares, mas ficando o patrimônio na posse de somente um dos cônjuges, que usufruiu sozinho o bem, impositiva a divisão de **lucros** ou o pagamento pelo uso, posse e gozo. Reconhecer que a mancomunhão ou o condomínio geram um comodato gratuito é chancelar o enriquecimento injustificado. Assim, depois da separação de fato, mesmo antes do divórcio e independentemente da propositura da ação de partilha, cabe impor o pagamento pelo uso exclusivo de bem comum. Ficando o patrimônio nas mãos de somente um dos cônjuges, outro assume a condição de **gestor** e tem a obrigação de **prestar** contas, bem como deve entregar parte da renda líquida ao outro (LA 4.º parágrafo único). Tal determinação tem cabimento não só no regime da comunhão universal de bens, mas em qualquer regime em que haja comunhão de aquestos.

Além do acervo patrimonial comum, isto é, os bens que são de propriedade do casal, cabem ser divididas também as **dívidas** contraídas em prol da família.

Quando as partes buscam a partilha, não é possível a mantença dos bens em estado condominial, o que significa ausência de divisão, certamente fonte de desentendimentos futuros. Não sendo partilhado todo o patrimônio, às vezes até por desconhecimento de sua existência, é possível posterior **sobrepartilha**.

A desigualdade na partilha configura transferência patrimonial, gerando a incidência de **imposto de transmissão** (ITCMD), que sempre foi chamado de imposto de reposição.[16] Como o desequilíbrio na divisão do patrimônio configura **doação** de um cônjuge ao outro, diverso é o tributo que incide.

---

16. Súmula 116 do STF: Em desquite ou inventário, é legítima a cobrança do chamado imposto de reposição, quando houver desigualdade nos valores partilhados.

9
O FIM DA SEPARAÇÃO

Apesar de alguns julgados e poucos doutrinadores continuarem a insistir na possibilidade da separação, ninguém mais duvida que a Emenda Constitucional 66/2010 entrou imediatamente em vigor.[1]

A nova sistemática subtrai o objeto de todas as demandas de separação judicial, sejam consensuais ou litigiosas, que se encontravam tramitando em juízo ou extrajudicialmente. A pretensão de obter a separação judicial não tem como prosperar, pois o pedido se tornou **juridicamente impossível**. As ações de separação perderam o objeto por **impossibilidade jurídica do pedido** (CPC 267 VI), não podendo seguir tramitando demandas que buscam resposta não mais contemplada no ordenamento jurídico. Não há como o juiz proferir sentença chancelando situação não mais existente.[2]

---

1. Apelação cível. Ação de divórcio direto consensual. [...] Aplicação imediata e eficácia plena. [...] A Emenda Constitucional n. 66/2010 é norma de eficácia plena e de aplicabilidade direta, imediata e integral, que regulamenta, inclusive, os processos em curso. [...] Recurso não conhecido (TJMG, AC 1.0210.09.061665-2/001, Rel. Des. Vieira de Brito, j. 21/10/2010). No mesmo sentido: TJMG, AC 1.0079.05.225744-5/001, 8.ª C. Cív., Rel. Des. Bittencourt Marcondes, p. 30/05/2011; TJMG, AC 1.0290.06.031140-1/001, 8.ª C. Cív., Rel. Des. Bitencourt Marcondes, Rel. p. acórdão Fernando Botelho, p. 31/08/2011; TJRS, AC 70040278426, 7.ª C. Cív., Rel. André Luiz Planella Villarinho, j. 29/06/2011.
2. Ação de separação. Pedido juridicamente impossível. Conversão da demanda em ação de divórcio. Discordância de uma das partes não impede a dissolução do casamento. [...] I – Após o advento da EC n. 66/10,

No entanto, há que se atentar que a **causa de pedir** da ação de separação é o fim do casamento. Por imposição legal, não era possível pedir o divórcio direto antes do decurso de dois anos da separação de fato (CC 1.580 § 2.º). Antes desse prazo, era necessário buscar a separação judicial ou de corpos para, depois de um ano, convertê-la em divórcio. Ou seja, ao propor ação de separação, a pretensão do autor, sem qualquer dúvida, era pôr um fim ao casamento. Mas a única forma disponível no sistema legal pretérito era ou a prévia separação judicial ou a espera durante dois anos para buscar o divórcio. Assim, no momento em que tal instituto deixou de existir, em vez de extinguir a ação de separação, cabe transformá-la em ação de divórcio, eis que ocorreu a **superveniência de fato extintivo do direito objeto da demanda**, que precisa ser reconhecido de ofício.

Em face do **fato superveniente**, a tutela jurisdicional deve retratar o contexto litigioso entre as partes da maneira como se afigura no momento de sua concessão.[3] A lei processual empresta relevo ao **direito objetivo** (CPC, 303, I, CPC) e ao **direito subjetivo** supervenientes (CPC 462). Direito subjetivo superveniente é o que advém de fato constitutivo, modificativo ou extintivo da situação substancial alegada em juízo posterior à propositura da ação. O fato superveniente que deve ser levado em consideração para a resolução da causa não importa em alteração da causa de pedir.

A pretensão das partes – ou ao menos do autor – ao proporem a ação de separação, não era somente o rompimento da sociedade conjugal, mas a sua dissolução. Somente por

---

a separação foi eliminada do ordenamento jurídico pátrio, deixando de existir, a partir de então, restrições para a concessão do divórcio, posto que para tanto prescindir-se-ia de prévia separação, assim como de implemento de prazos. [...] (TJMG, AC 1.0554.09.017308-5/001, 5.ª C. Cív., Rel. Des. Leite Praça, p. 02/05/2011).

3. Luiz Guilherme Marinoni, Código de Processo Civil comentado, 442.

exigência legal era utilizado o procedimento da separação.[4] A única forma disponível no panorama jurídico impunha a indicação de uma causa de pedir: o decurso de um certo prazo ou a imputação de culpa ao réu.

É amplamente majoritário o entendimento pela aplicabilidade da EC 66/2010 nos processos em curso, de modo a dispensar a prévia separação[5] ou o implemento de prazos para a concessão do divórcio.[6]

---

4. Apelação cível. [...] Ação de separação litigiosa. Culpa recíproca. [...] A nova ordem constitucional extinguiu a separação judicial do ordenamento jurídico brasileiro, assim como qualquer controvérsia havida entre as partes acerca da culpa pelo desfazimento do matrimônio para fins de decretação do divórcio. Considerando ter restado incontroverso nos autos a vontade das partes de desfazimento do matrimônio, mostrando-se desnecessária nova diligência processual para perquirir acerca do que foi expressamente manifestado, além de entender ser a extinção do processo de separação um retrocesso, vez que aumentaria ainda mais a animosidade havida entre os litigantes, que continuariam casados após três longos anos de litígio, o que causaria, inclusive, o sentimento de negativa de prestação jurisdicional, de ofício, decreto o divórcio, para que seja dissolvido o vínculo matrimonial (TJMG, AC 1.0701.07.204997-9/001, 8.ª C. Cív., Rel. Des. Teresa Cristina da Cunha Peixoto, p. 14/09/2011).

5. Civil. Divórcio litigioso. Extinção sem julgamento do mérito. Art. 267, inciso VI, do CPC. Ausência de trânsito em julgado da separação judicial. EC 66/2010. Supressão do instituto da separação judicial. Aplicação imediata aos processos em curso. A aprovação da PEC 28 de 2009, que alterou a redação do art. 226 da Constituição Federal, resultou em grande transformação no âmbito do direito de família, ao extirpar do mundo jurídico a figura da separação judicial. A nova ordem constitucional introduzida pela EC 66/2010, além de suprimir o instituto da separação judicial, também eliminou a necessidade de se aguardar o decurso de prazo como requisito para a propositura de ação de divórcio. Tratando-se de norma constitucional de eficácia plena, as alterações introduzidas pela EC 66/2010 têm aplicação imediata, refletindo sobre os feitos de separação em curso. Apelo conhecido e provido (TJDF, AC 2010.01.1.064251-3, 6.ª T. Cív., Rel. Des. Ana Maria Duarte Amarante Brito, j. 29/09/2010).

Mas as posições jurisprudenciais não são unânimes. Afastado o instituto da separação do texto constitucional, alguns julgados têm por derrogados todos os dispositivos da legislação infraconstitucional referentes ao tema.[7] Há decisões, inclusive, extinguindo o processo de separação, por impossibilidade jurídica superveniente da demanda.[8] De forma mais coerente, até

---

6. Divórcio. Requisitos: prova da separação de fato do casal há mais de dois anos. Desnecessidade. Art. 226, § 6.º, da CF. Nova redação dada pela EC n. 66/2010. Para a concessão do divórcio direto não há mais a necessidade da comprovação da separação de fato do casal há mais de 02 (dois) anos. Inteligência da nova redação do § 6.º do art. 226 da Constituição Federal, dada pela EC n. 66/2010 (TJMG, AC 2909347-80.2009.8.13.0313, 3.ª C. Cív., Rel. Des. Silas Rodrigues Vieira, j. 02/09/2010).

7. Divórcio. EC n. 66/2010. Prova. Prazo. Separação de fato. Para a concessão do divórcio não há mais a necessidade da comprovação da separação de fato do casal há mais de 2 (dois) anos, tendo em vista a revogação tácita do referido instituto no direito brasileiro (TJRO, AC 0002297-09.2010.8.22.0012, Rel. Des. Alexandre Miguel, j. 16/02/2011). No mesmo sentido: TJDF, AC 20070610056924APC, 1.ª T. Cív., Rel. Flavio Rostirola, j. 23/03/2011; TJDF, AC 20080111228294, 4.ª T. Cív., Rel. Fernando Habibe, j. 01/06/2011; TJMG, AC 1.0554.09.017308-5/001, 5.ª C. Cív., Rel. Des. Leite Praça, p. 02/05/2011; TJMG, AI 1.0382.11.000746-7/001, 6.ª C. Cív., Rel. Des. Antônio Sérvulo, p. 26/08/2011; TJMG, AC 1.0701.07.204997-9/001, 8.ª C. Cív., Rel. Des. Teresa Cristina da Cunha Peixoto, p. 14/09/2011.

8. A separação judicial não é mais possível em nosso ordenamento jurídico devido à promulgação da Emenda Constitucional n. 66/10, norma de eficácia imediata, razão pela qual deve ser extinta a ação, por impossibilidade jurídica superveniente da demanda. 2) Extinguir, de ofício, a ação de separação judicial, por impossibilidade jurídica superveniente (TJMG, AC 1.0290.06.031140-1/001, 8.ª C. Cív., Rel. Des. Bitencourt Marcondes, Rel. p. acórdão Fernando Botelho, p. 31/08/2011); Separação judicial litigiosa. Promulgação da Emenda Constitucional n. 66/10. Norma constitucional de eficácia imediata. Carência superveniente da ação. Extinguir, de ofício, a ação de separação judicial. Recurso interposto pelo Ministério Público conhecido e provido. Recurso interposto por J. C. C. prejudicado. I – A separação

para garantir o acesso à ordem jurídica e atender aos princípios da efetividade e celeridade, a solução que vem prevalecendo é admitir a transformação da ação em divórcio.[9]

Ainda assim, divergências persistem. Há decisões que admitem a **transformação de ofício**, quer pelo juiz,[10] quer no segundo grau,[11] não havendo a necessidade de haver a concor-

---

    judicial não é mais possível em nosso ordenamento jurídico devido à promulgação da Emenda Constitucional n. 66/10, norma de eficácia imediata, razão pela qual deve ser extinta a ação, por impossibilidade jurídica superveniente da demanda. Via de consequência, prejudicada a partilha de bens do casal (TJMG, AC 0079.05.225744-5/001, 8.ª C. Cív., Rel. Des. Bittencourt Marcondes, p. 30/05/2011).

9. Ação de separação consensual. Extinção prematura do processo, fundada equivocadamente na falta de interesse de agir. Inteligência do art. 1.124-A do CPC, que exprime facultatividade, e não obrigatoriedade. Vulneração aos princípios do acesso à justiça e da inafastabilidade da jurisdição. Possibilidade atual do divórcio direto, com emenda da inicial, cuidando-se a EC n. 66/2010 de fato novo. Sentença cassada. Recurso provido (TJSC, AC 2010.030837-8, C. Esp. Regional de Chapecó, Rel. Des. Cesar Abreu, j. 18/10/2010).

10. Separação consensual. Ajuizamento anterior à EC 66/2010. Adaptação do pedido à nova ordem constitucional. Possibilidade. Observância aos princípios da razoabilidade, economia, celeridade e efetividade processuais. Inexistência de ofensa ao CPC. A EC 66/2010 não revogou as disposições contidas na Lei 6.515/77 e aquelas do Código Civil, permitindo, apenas, às partes optarem pela forma de pôr fim à vida em comum, ou seja, o divórcio não está mais condicionado à comprovação de anterior separação de fato ou judicial. As disposições contidas no Código Civil e na Lei 6.515/77 continuam, no entanto, vigorando e tendo aplicabilidade. À luz do princípio da razoabilidade, da celeridade e da economia processuais, bem como da efetividade do processo, deve o juiz, nos processos em andamento, proporcionar às partes a oportunidade de emendarem a inicial, adaptando-se o pedido ao novo comando constitucional – EC 66/2010 –, sem que tal solução constitua ofensa ao art. 264 do CPC (TJMG, AC 1.0011.10.000370-3/001, 7.ª C. Cív., Rel. Des. Wander Marotta, p. 26/11/2010).

11. Apelação cível. Separação judicial. EC 66/10. Divórcio. [...] 1. A separação judicial não é mais contemplada pelo ordenamento jurídico

dância da parte contrária. Somente a **expressa discordância de ambos os cônjuges** impede o decreto do divórcio, caso em que deve o juiz extinguir o processo por impossibilidade jurídica do pedido, pois não há como proferir sentença chancelando direito não mais previsto na lei (CPC 267 VI).[12] *Não é possível "dar por adaptado" o pedido, automaticamente, porque quem formula o pedido é a parte, cabendo ao juiz, apenas, aferir a relação de compatibilidade entre o pedido formulado e o ordenamento jurídico. A Constituição, ao suprimir o instituto da separação judicial, não disse estarem automaticamente convertidos em divórcio os pedidos de separação judicial feitos antes de a EC 66/2010 entrar em vigor, nem há permissão, no sistema processual civil, para uma tal "conversão automática", que possa eventualmente ocorrer à revelia da vontade das partes.*[13]

---

nacional, desde o advento da EC 66/10, promulgada após a sentença. A extinção do instituto repercute sobre a possibilidade jurídica da demanda, alcançando as causas em andamento. 2. No entanto, inexistindo prejuízo para a ré, admite-se o pedido formulado pelo autor, já na fase de apelação, para que seja decretado o divórcio, priorizando--se, desse modo, a pacificação do conflito, a efetividade da justiça, a razoabilidade e proporcionalidade, a economia e a instrumentalidade. Solução outra representaria, no caso, mera deificação das formas. [...] (TJDF, AC 20080111228294, 4.ª T. Cív., Rel. Fernando Habibe, j. 01/06/2011).

12. Ação de separação. Pedido juridicamente impossível. Conversão da demanda em ação de divórcio. Discordância de uma das partes não impede a dissolução do casamento. [...] II – Manifestada, por qualquer dos cônjuges, a intenção de dissolver a sociedade conjugal, o divórcio deverá ser decretado de imediato. III – Somente com a recusa de ambas as partes à conversão da ação de separação em ação de divórcio, esta não poderia ocorrer, devendo o processo ser extinto sem resolução do mérito por impossibilidade jurídica do pedido. [...] (TJMG, AC 1.0554.09.017308-5/001, 5.ª C. Cív., Rel. Des. Leite Praça, p. 02/05/2011).

13. Arnoldo Camanho de Assis, Questões práticas sobre a repercussão da EC n. 66/2010 nos processos em andamento.

A maioria dos magistrados, no entanto, exige a **emenda da inicial** ou a concordância expressa de ambas as partes. De qualquer modo, não há a necessidade de a alteração ser requerida pelas partes. Cabe ao juiz dar-lhes ciência da impossibilidade de seguimento da separação, questionando sobre o interesse de o pedido ser transformado em divórcio. Caso os cônjuges **silenciem**, isso significa concordância com o divórcio. A eventual discordância de uma das partes – seja do autor, seja do réu – não impede a dissolução do casamento.

No entanto, a tendência é entender que o silêncio das partes não autorizaria a decretação do divórcio, impondo a extinção do processo.[14] Bem, tudo depende do teor da intimação levada a efeito. Alertadas as partes de que, se se mantiverem em silêncio, isso significará concordância com o divórcio, desnecessária a expressa manifestação requerendo a sua decretação. *Isso porque não se trata de uma simples inovação do pedido ou da causa de pedir no curso do processo, em desrespeito aos princípios da boa-fé objetiva e da cooperatividade, que impedem seja uma das partes colhida de surpresa ao longo da demanda. De modo algum. O que sucede, em verdade, é uma alteração da base normativa do direito material discutido, por força de modificação constitucional, exigindo-se, com isso, adaptação ao novo sistema, sob pena de afronta ao próprio princípio do devido processo civil constitucional.*[15]

Eventualmente, cabe continuar sendo objeto de discussão as **demandas cumuladas**, mas o divórcio deve ser decretado de imediato. Existindo filhos menores ou incapazes, as questões relativas a eles precisam ser acertadas. É necessária a definição da forma de convivência com os pais – já que a preferência

---

14. Ob. cit.
15. Pablo Stolze Gagliano, A nova emenda do divórcio: primeiras reflexões.

legal é pela guarda compartilhada – e o estabelecimento do encargo alimentar. Nem os aspectos patrimoniais carecem de definição, eis ser possível a concessão do divórcio sem partilha de bens (CC 1.581).

Os separados judicialmente devem continuar se qualificando como tal, apesar de o estado civil que os identifica não mais existir. Nada impede a reconciliação e o **restabelecimento da sociedade conjugal**, com o retorno ao estado de casado (CC 1.577). Mas, se não desejarem continuar na condição de separados judicialmente, cabe buscarem o divórcio, e não a conversão da separação em divórcio.[16]

9.1 Demandas de separação

A dissolução do vínculo conjugal dependia da chancela do Poder Judiciário. Era a sentença judicial que dava fim ao casamento. A ação de separação tinha eficácia desconstitutiva, ou melhor, **constitutiva negativa**. Com o trânsito em julgado da sentença, os cônjuges restavam separados.

O uso da expressão "separação judicial" dizia somente com a ação de separação contenciosa. Quando mútua a vontade das partes, e o pedido era formulado de forma conjunta, chamava-se a separação de "amigável", "consensual" ou "por mútuo consentimento". Ainda assim, a pretensão necessitava ser homologada pelo juiz após a ouvida dos cônjuges. Portanto, quando se falava em "separação judicial", se estava fazendo referência à ação proposta por um cônjuge contra o outro. Anuindo o réu ao pedido, ocorria a "conversão da separação litigiosa em consensual", o que não subtraía a demanda do âmbito judicial. Mesmo amigável, era necessária a homologação.

---

16. Paulo Hermano Soares Ribeiro, Análise preliminar da EC n. 66/10 e seus reflexos no divórcio por escritura pública.

9.1.1 Consensual

A lei admitia o término da sociedade conjugal pela separação por mútuo consentimento ou por meio de demanda judicial litigiosa. A regra que regulamentava a separação judicial consensual encontra-se perdida entre os dispositivos que tratavam da separação litigiosa (CC 1.574). De forma absolutamente injustificada, era assegurado verdadeiro prazo de validade ao casamento. Embora houvesse consenso dos cônjuges, era necessário que estivessem casados há mais de **um ano** para buscarem a separação. Clara a intenção da lei de preservação do casamento, o que, no entanto, acabava adquirindo caráter punitivo. A justificativa era ser *um período de prova, no qual se aguardavam a acomodação e a compreensão da vida em comum, não permitindo que um açodamento pudesse jogar por terra o matrimônio nos primeiros meses.*[17] O fundamento era por demais pueril. Cabe indagar qual seria o motivo de o Estado opor-se ao desejo de pessoas maiores, capazes e no pleno exercício de seus direitos. Se livremente casaram, nada justifica não disporem da mesma liberdade para pôr fim ao casamento. Portanto, o que a lei chamava de separação consensual, de consenso pouco tinha, nem era tão livre assim a vontade das partes.

Como a lei não admitia que os cônjuges buscassem, de forma amistosa, a separação antes do decurso de um ano da celebração do matrimônio, caso tal ocorresse cabia ao juiz extinguir o processo por **impossibilidade jurídica** do pedido (CPC 267 VI). No entanto, alguns magistrados decretavam a separação de corpos, suspendendo o processo, na espera do transcurso do prazo legal.

Para abreviar o decreto de separação antes do prazo, acabavam os cônjuges protagonizando verdadeira farsa: simulavam uma separação litigiosa. Um, dizendo-se inocente, intentava

---

17. Sílvio Venosa, Direito civil – Direito de família, 226.

ação de separação, imputando ao outro a responsabilidade pela ruptura da sociedade conjugal. Ao pedido não se opunha o réu, que se quedava revel ou confessava sua culpa, a tornar dispensável a produção de provas. Embora não reconhecidos os efeitos da revelia (CPC 320 II), nem sendo aceita a confissão (CPC 351), caso fosse determinada a instrução, obviamente, não era difícil às partes trazer testemunhas para corroborarem o afirmado na inicial.

Outra modalidade de burlar os limites temporais, de largo uso, era a busca consensual da separação de corpos, mesmo que o pedido não atendesse aos pressupostos para a sua concessão (CC 1.562). Por inexistir pretensão resistida, tratava-se de procedimento de jurisdição voluntária, que não guardava qualquer identidade com a medida provisional de afastamento de um dos cônjuges da morada do casal (CPC 888 VI). Com isso o Poder Judiciário era usado para fins certificatórios do término da vida em comum. Ou seja, chancelava a separação de fato que já existia. Decretada a separação de corpos, os efeitos da sentença retroagiam à data da decisão judicial (LD 8.º). Decorrido um ano do decreto da separação de corpos, era possível convertê-la em divórcio (CC 1.580).

O procedimento consensual da separação estava disciplinado pelo CPC (arts. 1.120 a 1.124-A), mas a Lei do Divórcio impunha mais alguns requisitos: (a) o dever dos advogados de também assinar a petição inicial; (b) a possibilidade de a petição ser firmada a rogo;[18] (c) dispensado o reconhecimento de firma, se as assinaturas das partes fossem lançadas na presença do juiz (LD 34). O pedido era formulado em conjunto pelos cônjuges. Quanto adimplido o requisito temporal de um ano do casamento, bastava a afirmativa de a separação ser o desejo de ambos, sem qualquer referência a causas ou motivos. A ação

---

18. Assinatura a rogo é a feita por terceira pessoa quando a parte não souber ou não puder assinar.

precisava ser instruída com a certidão de casamento, a certidão de nascimento dos filhos e o pacto antenupcial, se existente. Também deviam ser juntados os documentos referentes ao patrimônio comum.

Além da demanda de separação, conjugavam-se outras questões, ocorrendo uma **cumulação de ações**. Indispensável na inicial a deliberação sobre a guarda (CC 1.583 e 1.584), visitação (CC 1.589) e alimentos em favor dos filhos, em sendo eles menores ou incapazes. Também precisava ficar consignado o que foi acertado relativamente a alimentos entre os cônjuges. Apesar de os alimentos serem irrenunciáveis (CC 1.707), podiam ser dispensados na separação, havendo a possibilidade de serem buscados em momento posterior (CC 1.704). Sempre foi enorme a resistência em admitir a pretensão alimentícia depois da decretação do divórcio. Do mesmo modo, era necessária a deliberação a respeito do nome, se um dos cônjuges havia adotado o sobrenome do outro quando do casamento. No silêncio, presumia-se que o nome permanecia inalterado. Mas a qualquer momento, mesmo depois da separação ou do divórcio, sempre foi possível o retorno ao nome de solteiro.

A depender do regime de bens, impositivo o arrolamento do patrimônio a partilhar. Essa providência só era dispensável no regime da separação total de bens. Não havendo acordo sobre a partilha do patrimônio, a divisão podia ser levada a efeito após o decreto da separação (CPC 1.121 § 1.º) ou mesmo depois do divórcio (CC 1.581). A prática sempre se revelou viciosa, por perpetuar a presença das partes em juízo, multiplicando as ações. À sentença seguia-se a liquidação para identificar os bens, para depois ter início a ação de partilha. Por isso melhor quando tudo era solvido na ação de separação.

Decretada a separação, após o trânsito em julgado da sentença, era extraído mandado ao Cartório do Registro Civil para a averbação no assento do casamento e de nascimento de ambos os cônjuges (CC 10 I e LRP 29 § 1.º *a*). Fazendo as partes jus ao benefício da **assistência judiciária**, a isenção do atendimento das custas estendia-se também aos atos extrajudiciais para ser averbada a dissolução do casamento. Após, eram extraídos formais de partilha para fim de averbação no registro de imóveis (LRP 14 II e 167 II).

O pedido de separação consensual podia ser entregue diretamente ao juiz antes da distribuição (CPC 1.122). Essa possibilidade afrontava o princípio do juiz natural, mas, como se tratava de processo de jurisdição voluntária, inexistia qualquer prejuízo.

Na audiência, o juiz ouvia os cônjuges. Era dispensável a presença do advogado e do representante do **Ministério Público**. Não determinava a lei, mas havia o costume de os cônjuges serem ouvidos separadamente, pois a finalidade da audiência residia, precisamente, em saber se era livre a concordância com todas as cláusulas do acordo. Aliás, era sobre tal que o juiz devia inquirir as partes, sendo de todo descabido e impertinente questionar os motivos da separação. Quando os cônjuges chegam às portas do Judiciário, já pensaram e repensaram o ato que iriam praticar, sendo, no mínimo, piegas tentar o juiz reconciliá-los.[19] Verificando, o magistrado, qualquer hesitação de um, ou de ambos os consortes, podia designar audiência de ratificação para depois de 15 e antes de 30 dias. Convencido do desejo das partes, proferia sentença homologatória do pedido. Lavrada a ata, era firmada por todos. Mesmo em se tratando de demanda consensual, a intervenção do Ministério Público era obrigatória (CPC 82 II).

Já estava consolidada a prática de conceder a separação sem a realização da audiência de reconciliação. Principalmente do

---

19. Sílvio Venosa, Direito civil – Direito de família, 227.

casal sem filhos menores ou incapazes e depois de ter surgido a possibilidade do uso da via extrajudicial (CPC 1.124-A).

Havia a possibilidade de qualquer dos cônjuges se retratar antes da sentença, ou seja, **desistir da ação**. Após a chancela judicial, não cabia a interposição de apelação, a não ser que alegasse a parte algum erro procedimental. Simples arrependimento com referência à separação ou a alguma das cláusulas do acordo não autorizava o uso da via recursal nem da ação rescisória. Possível era somente a **ação de anulação**, se apontado vício de vontade (CPC 486). Ainda que se tratasse de sentença meramente homologatória, dispunha de eficácia desconstitutiva do casamento. Assim, a sociedade conjugal terminava a partir do trânsito em julgado da sentença.

Falecendo uma das partes mesmo depois da audiência de ratificação, mas antes de a sentença transitar em julgado, o cônjuge sobrevivente restava na condição de **viúvo**. Com isso extinguia-se o processo, pois se tratava de ação personalíssima, que é intransmissível (CPC 267 IX).

9.1.2 Litigiosa

Declina a lei as causas que autorizavam a separação litigiosa: grave violação dos deveres do casamento e insuportabilidade da vida em comum (CC 1.572). Mas o legislador foi além ao elencar os motivos que caracterizavam a impossibilidade da vida em comum: (a) adultério, tentativa de morte, sevícia ou injúria grave, abandono voluntário do lar durante um ano, condenação por crime infamante ou conduta desonrosa (CC 1.573); (b) fim da vida em comum há mais de um ano (CC 1.572 § 1.º); e (c) doença mental de um dos cônjuges (CC 1.572 § 2.º). Assim, havia causas culposas e não culposas a dar ensejo à separação judicial.

Quem podia propor a ação de separação litigiosa era o cônjuge inocente (CC 1.572). Ou seja, o "culpado" não tinha legitimidade para intentar a demanda. É o que dizia a lei. Esta regra, no entanto, era contornada pela jurisprudência em face da pouca relevância atribuída à causa da separação. Em se tratando de ação de estado, o réu devia ser citado pessoalmente (CPC 222 *a*). Porém, encontrando-se em lugar incerto e não sabido, nada impedia que fosse **citado por edital**.

A ação iniciava-se com uma audiência de conciliação. Para a conversão da separação em consensual, bastava haver a concordância de ambos quanto à ruptura da relação. Ainda que existissem divergências sobre pontos outros, manifestando o casal o desejo de dissolver a união, impositiva a homologação da separação, na própria audiência. A ação seguia relativamente às demais questões, como guarda dos filhos, alimentos, partilha de bens etc. Com isso, tornava-se desnecessária a instrução sobre as causas da separação. Ainda que nada dissesse a lei, indispensável que também na separação litigiosa fosse decidida a guarda dos filhos menores ou incapazes, o valor dos alimentos e o regime de visitas, por aplicação analógica aos dispositivos da separação consensual (CPC 1.121).

Caso o réu se calasse – por não comparecer à audiência ou não contestar a ação –, ocorria a revelia, a ser decretada pelo juiz. Grande era a controvérsia em sede doutrinária sobre os efeitos confessórios e a presunção de veracidade dos fatos afirmados na inicial. Em que pese tratar-se de ação de estado, o interesse público no resguardo do casamento não podia ir além do universo íntimo dos cônjuges, únicos legitimados *ad causam* para resolver se lhes interessava, ou não, manter o vínculo societário.[20]

O réu podia oferecer **reconvenção** (CPC 315 a 318), objetivando atribuir culpa ao autor ou, por exemplo, para postular alimentos para si.

---

20. Sebastião Amorim e Euclides de Oliveira, Separação e divórcio:..., 233.

Se durante a tramitação da ação ocorria o decurso do prazo de um ano da separação de fato, deveria se decretada a separação (CC 1.572 § 1.º). É o que determina a lei processual (CPC 462). Cabe ao juiz, de ofício, levar em consideração fato que influa no julgamento da lide. Com isso, ultimava-se a demanda sobre esse ponto, encerrando-se a instrução sobre a culpa. Quanto aos outros temas alvo de controvérsia, a ação prosseguia, mas a separação devia ser decretada desde logo. Como bem alerta Sérgio Gischkow Pereira, sob o prisma estritamente técnico-jurídico, não poderia haver a separação sem acerto sobre tais questões (CPC 1.121). Porém, ele mesmo conclui: *é forçoso convir que a solução é adequada e razoável*.[21] Não havia alteração da causa de pedir, tratando-se de questão de ordem prática que atende ao princípio da economia processual. Já tendo ocorrido a audiência preliminar, não era necessário sequer ouvir as partes.

Do mesmo modo, tendo havido prévia **separação de corpos** chancelada judicialmente, após um ano, era possível sua conversão em divórcio (CC 1.580), ainda que não ultimada a ação de separação. Igualmente, fluído o prazo de dois anos da **separação de fato**, durante a ação de separação, podia ser decretado o divórcio, ainda que prosseguisse a demanda por questões outras. Em face da ocorrência de fato modificativo, impositiva a intimação das partes para se manifestarem sobre a possibilidade de decretação do divórcio (CPC 462). Havendo a concordância expressa de ambos os cônjuges, não havia a necessidade de realizar audiência.

Implementado o prazo para o divórcio, mesmo com a ação de separação ainda em andamento, nada impedia que o divórcio fosse levado a efeito por **escritura pública**. Comunicado tal fato a juízo, extinguia-se a demanda da separação (CPC 267

---

21. Sérgio Gischkow Pereira, Direito de família:..., 69.

VI), prosseguindo o processo em face de controvérsias outras, como, por exemplo, a partilha de bens.

Quando a ação de separação era cumulada com outras demandas, o recurso tinha efeitos diversos. Quanto à ação de estado, a apelação dispõe do duplo efeito. Mas quanto à verba alimentar, o recurso dispõe só de efeito devolutivo (CPC 520 II).

Como a lei civil não regula a ação de divórcio, mesmo com o fim do instituto da separação não se apagam as regras processuais, que merecem ser aplicadas à ação de divórcio litigioso, uma vez que a Lei do Divórcio só traz o procedimento da separação consensual (LD 40 § 2.º).

9.1.3 Conversão da separação em divórcio

Rompido o casamento pela separação judicial ou de corpos, para que ocorresse a dissolução do vínculo matrimonial era necessária sua conversão em divórcio. A exigência era o decurso do prazo de um ano da decisão concessiva da separação de corpos ou do trânsito em julgado da sentença que havia decretado a separação judicial (CC 1.580). Ou seja, o pedido de conversão da separação em divórcio só podia ser formulado depois de um ano: a) do trânsito em julgado da sentença que decretava a separação judicial; b) da decisão judicial que deferia a separação de corpos; ou c) da escritura de separação extrajudicial. Portanto, não só a separação judicial, mas também a separação de corpos podia ser convertida em divórcio.

Mesmo que na ação de separação tivesse sido proclamada a culpa de um dos cônjuges, tal motivação desaparecia quando da sua conversão em divórcio (CC 1.580 § 1.º).

Com o fim da separação judicial, também desapareceu a possibilidade de sua conversão em divórcio. Não persiste a exigência temporal de um ano para que tal ocorra. Agora os separados judicialmente ou separados de corpos, por decisão judicial ou extrajudicialmente, podem requerer o divórcio, não havendo a necessidade do implemento de qualquer prazo.[22] É o que diz Paulo Lôbo: *Os separados judicialmente (ou extrajudicialmente) continuam nessa qualidade, até que promovam o divórcio (direto), por iniciativa de um ou de ambos, mantidas as condições acordadas ou judicialmente decididas.*[23]

Nem mesmo o alegado interesse em ser fixado o termo final da vida em comum justifica persistir a possibilidade de transformar a separação judicial em divórcio. Isso porque a sentença do divórcio não dispõe – nem poderia – de efeito retroativo. A eficácia retro-operante podia ocorrer com a separação, mas não com o divórcio. A separação judicial, de corpos ou de fato rompia o casamento, daí a possibilidade de a sentença de separação produzir efeito retroativo (LD 8.º). No entanto, o efeito dissolutório de que desfruta o decreto do divórcio não alcança o período em que as partes estavam somente separadas, quer de fato, quer de corpos, quer judicialmente.

Para o decreto do divórcio direto, não previa a lei a ouvida das partes nem a realização de audiência. Assim, era dispensável a solenidade no procedimento de conversão, até porque inexistia qualquer empecilho para vetar a concessão do divórcio. Nem o descumprimento das obrigações assumidas na separação (como o não pagamento dos alimentos ou falta de partilha de bens) podia obstaculizar o pedido.

Ainda que não tivesse havido a prévia partilha de bens na separação, era possível cumular o pedido de conversão e o de partilha. Não havendo consenso sobre a divisão do patrimônio, o juiz homologava o divórcio e determinava o seguimento da ação de partilha.

---

22. Paulo Hermano Soares Ribeiro, Análise preliminar da EC n. 66/10 e seus reflexos no divórcio por escritura pública.
23. Paulo Lôbo, Divórcio: alteração constitucional e suas consequências.

Questões outras como alimentos, partilha de bens, guarda de filho, apesar de comportarem demandas distintas, podiam ser cumuladas com o pedido de conversão. Decretado o divórcio, era possível o prosseguimento da ação para solver as demais controvérsias.

O pedido de conversão formulado por somente um dos cônjuges precisava ser levado a efeito na via judicial. No entanto, a conversão consensual da separação em divórcio podia ser **extrajudicial**, por escritura pública. A lei não previa tal hipótese, mas também não a proibia, e a Resolução do Conselho Nacional de Justiça expressamente admitiu o uso da via extrajudicial.[24]

Como o divórcio pode ser levado a efeito perante o tabelião, nada justificava impedir também a conversão extrajudicial da separação em divórcio. Além da conversão, na mesma escritura, eram possíveis outras convenções, como a partilha de bens, a fixação, modificação ou extinção dos alimentos etc.

---

24. Resolução 35 do CNJ: Art. 52. A Lei 11.441/07 permite, na forma extrajudicial, tanto o divórcio direto como a conversão da separação em divórcio. Neste caso, é dispensável a apresentação de certidão atualizada do processo judicial, bastando a certidão da averbação da separação no assento de casamento.

10
ALTERNATIVAS POSSÍVEIS

O passar do tempo já mostrou que não se justificava o temor que assustou alguns quando do fim da separação judicial. Não acabou o casamento, não restou fragilizada a família nem foram banalizados os vínculos afetivos. Enfim, nada aconteceu que comprometesse a paz social. No entanto, há quem ainda invoque razões de ordem religiosa para justificar discordância com a mudança levada a efeito, alegando a necessidade de respeitar o desejo dos que não querem se divorciar.

Mas para quem não quer dissolver o casamento há mais de uma saída: tanto a mera separação de fato como a separação de corpos têm os mesmos efeitos da antiga separação judicial. Ambas rompem a sociedade conjugal, fazem cessar os deveres do casamento e a fidelidade recíproca. Também acaba o regime de bens, o que enseja a incomunicabilidade patrimonial.[1]

---
1. Direito civil. Família. Sucessão. Comunhão universal de bens. Inclusão da esposa de herdeiro, nos autos de inventário, na defesa de sua meação. Sucessão aberta quando havia separação de fato. Impossibilidade de comunicação dos bens adquiridos após a ruptura da vida conjugal. Recurso especial provido. [...] 2. Não faz jus à meação dos bens havidos pelo marido, na qualidade de herdeiro do irmão, o cônjuge que encontrava-se separado de fato quando transmitida a herança. 3. Tal fato ocasionaria enriquecimento sem causa, porquanto o patrimônio foi adquirido individualmente, sem qualquer colaboração do cônjuge. 4. A preservação do condomínio patrimonial entre cônjuges após a separação de fato é incompatível com orientação do novo Código Civil, que reconhece a união estável estabelecida nesse período, regulada pelo regime da comunhão parcial de bens (CC 1.725). 5. Assim, em regime de comunhão universal, a comunicação de bens e dívidas deve

Separação de fato e separação de corpos não se confundem. A diferença é que uma ocorre quando cessa a vida em comum, daí o nome, separação de fato. A simples cessação da convivência termina com a sociedade conjugal, sem a necessidade de ser buscado tal efeito em juízo.

Já a separação de corpos depende da chancela estatal, quer por meio de medida cautelar de afastamento do lar, quer por consenso do casal. Era utilizada quando ainda não estava implementado o prazo para a separação judicial ou o divórcio. Assim, para quem deseja chancelar o fim da união, mas não quer dissolver o vínculo matrimonial, a separação de corpos é a alternativa.

Quer na separação de fato, quer na de corpos, os cônjuges mantêm o estado de casados, e podem restabelecer a sociedade conjugal sem haver a necessidade de formalizar a reconciliação.

Portanto, quando o casal tem dúvida se deseja se divorciar ou não, a separação de fato ou de corpos produz todos os efeitos da extinta separação judicial.

Depois da possibilidade da separação e do divórcio extrajudicial, também a separação de corpos passou a ser admitida via **escritura pública**, não havendo filhos menores ou incapazes.

Estas são as possibilidades que a legislação atual oferece.

Agora as pessoas ou são casadas ou divorciadas. Ao se separarem – de fato ou de corpos – abrem mão da condição de casadas. Livres dos deveres do casamento, qualquer dos cônjuges pode constituir união estável.

---

cessar com a ruptura da vida comum, respeitado o direito de meação do patrimônio adquirido na constância da vida conjugal. 6. Recurso especial provido (STJ, REsp 555.771/SP, 4.ª T., Rel. Min. Luis Felipe Salomão, j. 05/05/2009).

10.1 Separação de fato

A lei declina as causas que marcam o término da sociedade conjugal (CC 1.571): a morte, a anulação do casamento, a separação judicial e o divórcio. Também indica as hipóteses em que ocorre a dissolução do vínculo matrimonial (CC 1.571 § 1.º): a morte e o divórcio. Pelo que está dito, somente a morte e o divórcio teriam o condão de desconstituir o casamento. Porém, olvidou-se o legislador que a anulação do casamento também gera o mesmo efeito dissolutório da união.

A separação judicial implicava somente o término da sociedade conjugal, sem dissolvê-lo. Com o fim da separação judicial acabou essa distinção – sempre difícil de ser entendida – entre término da sociedade conjugal e dissolução do vínculo matrimonial. A partir da EC 66/2010 não mais existe dita condição intermediária, que não tinha mesmo qualquer significado. O casal, ainda que separado judicialmente, continuava casado, tanto que os cônjuges não podiam casar novamente. Mas, como permanecia intacto o vínculo conjugal, podiam desistir da separação e retomar o casamento. Com a cessação da vida em comum não há a comunicabilidade de ordem patrimonial. Assim, pelo período em que o casal permaneceu separado, cada um preserva a titularidade de seus bens, independentemente do regime de bens do casamento.

Sempre foi de tal ordem o interesse pela mantença do casamento que somente a sentença da separação judicial importava a separação de corpos e a partilha de bens (CC 1.575), bem como liberava os cônjuges dos deveres de coabitação, de fidelidade e acabava com o regime de bens (CC 1.576). Isso é que diz o Código Civil, esquecendo-se que a Lei do Divórcio atribuía **efeito retroativo** à sentença de separação judicial à data da separação cautelar (LD 8.º). Mas, apesar do que está escrito na lei, é a separação de fato que termina a sociedade conjugal, dispensa dos deveres matrimonias e põe fim ao regime de bens. Este é o marco que finaliza, definitivamente, o estado patrimonial, não tendo nenhuma relevância se tal período de tempo é prolongado. A partir de então, o patrimônio adquirido por qualquer dos cônjuges não se comunica.[2]

Dessa forma, após a separação de fato, embora não decretada a separação de corpos nem oficializado o divórcio, os bens adquiridos por qualquer dos cônjuges só a ele pertence, ainda que o casal se mantenha legalmente na condição de casados. É o que diz Guilherme Calmon Nogueira da Gama: *Para evitar soluções injustas, prevenindo o enriquecimento sem causa (CC 884), além de cumprir os valores e princípios constitucionais no que tange à ética solidária das relações intersubjetivas, urge que se considere que não se comunicam, e, por isso, não se sujeitam à partilha, os bens adquiridos durante a separação de fato do casal.*[3]

A doutrina chama de **mancomunhão** o estado de indivisão patrimonial decorrente do regime de bens. Foi o que levou os juízes, durante algum tempo, a negar à separação de fato a possibilidade de romper o regime de bens, o que só ocorreria com a ultimação da partilha. Essa posição ensejava injustiças enormes. Estando o casal separado, se a posse de fato dos bens por um deles não impõe qualquer ônus pelo seu uso, ocorria injustificável locupletamento de quem detém a posse exclusiva de bem comum.

A jurisprudência consolidou este entendimento e ninguém mais questiona ser o fim da vida em comum que elimina o regime de bens, seja ele qual for, *porquanto já ausente o ânimo socioafetivo, real motivação da comunicação patrimonial.*[4] Esse é o momento de verificação dos bens para efeitos de partilha.

---

2. Rodrigo da Cunha Pereira, Comentários ao novo Código Civil:..., 192.
3. Guilherme Calmon Nogueira da Gama, Separação de fato e ética no direito de família, 94.
4. Rolf Madaleno, Do regime de bens entre os cônjuges, 194.

No regime da comunhão final dos aquestos, é expressa a norma nesse sentido (CC 1.683): *Na dissolução do regime de bens por separação judicial ou por divórcio, verificar-se-á o montante dos aquestos à data em que cessou a convivência.* Essa regra, aliás, merece ser invocada para qualquer dos regimes de bens.

Não obstante a dissolução do casamento ocorrer com o divórcio, é a separação de fato que, realmente, põe um ponto final no matrimônio. Todos os efeitos decorrentes da nova situação fática passam a fluir da ruptura da união. Inclusive para o reconhecimento da separação de fato não há a exigência de o casal viver em residências distintas. Possível admitir a existência da separação ainda que continuem coabitando sob o mesmo teto.

A separação de fato, ainda que não tivesse qualquer efeito quanto ao casamento, servia de marco inicial para a contagem do prazo para a separação judicial. Qualquer dos cônjuges podia ingressar com a ação de separação, se o casal estivesse separado de fato há mais de um ano. Era a chamada **separação-falência** (CC 1.572 § 1.º). A causa de pedir da demanda era a ruptura da vida em comum, única prova exigida. Quando não implementado dito prazo, isso não levava ao indeferimento da petição inicial. O juiz designava audiência e, havendo a concordância de ambos, convertia a separação em consensual.

Caso o casamento tivesse acontecido há menos de um ano, ou era decretada a separação de corpos ou suspendia-se o processo aguardando o transcurso do lapso temporal para chancelar a separação.

Proposta a ação tendo por fundamento alguma causa culposa, tão logo decorrido o interregno temporal de um ano, o juiz decretava a separação. Como havia ocorrido o implemento de outra causa para a dissolução da sociedade conjugal, impositivo o seu reconhecimento de ofício (CPC 462). Para essa alteração não era necessária a aquiescência das partes. Também nada impedia que, decorrido o interstício de dois anos da separação de fato durante o andamento do processo de separação judicial, o juiz decretasse o divórcio, eis que tem o dever de atentar aos princípios da economia processual e instrumentalidade das formas. Afinal, era de todo descabido submeter as partes a nova demanda para obterem o que desejam: o fim do casamento.

De qualquer modo, quando cessa a convivência, o casamento deixa de gerar efeitos, mesmo que falte a chancela estatal. O casamento nada mais produz, porque simplesmente deixou de existir. *Se esta realidade fática realmente faz o casamento acabar, não é possível, e muito menos razoável, que ela não seja considerada também, por si só, como uma realidade jurídica.*[5]

Mesmo antes do advento da reforma constitucional já estava pacificado, em sede jurisprudencial, o entendimento de que era a separação de fato e não a separação judicial que suspendia os deveres de coabitação e de fidelidade e o regime matrimonial dos bens (CC 1.576). Assim, a condição de separado de fato ou judicialmente só tinha um efeito: impedir novo casamento. Mas nada proibia os separados de estabelecerem novo relacionamento e constituírem **união estável**. Só não podiam casar. Ou seja, não havia como converter a entidade familiar em casamento, conforme recomenda a Constituição Federal (226 § 3.º). Portanto, em boa hora desapareceu a separação, pois não há motivo para impedir que alguém, no momento em que o amor se esvai, busque de imediato a dissolução do vínculo conjugal, sem precisar declinar causas ou esperar o decurso de prazos.

10.2 Separação de corpos

Historicamente, a separação de corpos sempre teve **natureza cautelar**. Servia para garantir a integridade física dos côn-

---

5. Rodrigo da Cunha Pereira, Divórcio responsável, 31.

juges e também da prole, quando do surgimento de conflitos intrafamiliares. Afinal, o desfazimento dos vínculos afetivos carrega grande dose de ressentimentos e mágoas. Assim, não é difícil imaginar que o estado de beligerância possa comprometer a vida ou a segurança dos membros da família. Esse é o motivo que autoriza o pedido de separação de corpos, mesmo antes de intentada a ação para pôr fim ao casamento (CC 1.562). A forma procedimental é **a medida cautelar de afastamento de um dos cônjuges do lar comum** (CPC 888 VI). Havendo necessidade de tutela jurisdicional imediata, além da separação de corpos é cabível também o pedido de guarda dos filhos (CPC 888 III) e o sequestro de bens (CPC 822 III).

Ainda que as medidas cautelares mantenham eficácia pelo prazo de 30 dias (CPC 806), a separação de corpos é reconhecida como **cautelar satisfativa**, não se lhe aplicando o prazo decadencial. Até porque de todo desarrazoado que, deixando o cônjuge de promover a ação de divórcio, seja revogada a medida antecipatória. O resultado seria desastroso. Quem foi coactamente afastado do lar iria adquirir o direito de a ele retornar. No direito das famílias, o bom senso repele a caducidade. Se o juiz cautelarmente decretou a separação de corpos, é de evidência meridiana que a ausência de propositura da ação principal não pode acarretar a possibilidade do retorno à vida sob o mesmo teto.

Mais recentemente passou a jurisprudência a deferir o pedido de separação de corpos, mediante a alegação de que esteja o cônjuge sujeito a risco. O simples esfacelamento da afetividade e a intenção de buscar o desenlace do vínculo autorizam a imposição do fim do convívio. Não é preciso maiores provas.

Quando é pedido o afastamento do outro do lar, na ausência de prova da ocorrência de violência por meio de exame de corpo de delito, muitas vezes, de forma absolutamente desarrazoada, é determinada a realização de audiência de justificação. O lapso temporal que decorre entre o pedido da tutela jurisdicional e a sua concretização pode colocar em risco a integridade física e a vida não só do cônjuge, como também dos filhos. Ora, se a finalidade do Estado é proteger a família, não se justifica manter sob o mesmo teto pessoas desavindas. Com isso a Justiça expõe as partes a perigo, deixando de ser agente protetor do cidadão. De todo descabido impor a convivência quando um dos cônjuges manifesta a vontade de romper o matrimônio.

Com o advento da Lei 11.340/2006, a chamada **Lei Maria da Penha** – LMP, o simples registro de ocorrência policial feito pela mulher alegando violência doméstica desencadeia o procedimento de **medida protetiva de urgência**. Conquanto o registro seja um documento unilateral, produzido com as informações prestadas pela vítima, em sede liminar o juiz pode determinar o afastamento do agressor do lar comum (LMP 22 III).

Não raro a medida cautelar de separação de corpos é proposta pelo cônjuge que quer se **afastar do lar comum**. Ao fim e ao cabo, nada mais do que mera comunicação feita pela via judicial para buscar um efeito meramente certificatório. Dito procedimento não dispõe de natureza cautelar, mas justificava-se o pedido porque a lei penalizava o abandono do lar como causa para o decreto da separação (CC 1.573 IV). Desse modo, como a condição de culpado podia gerar sequelas – da perda do nome ao achatamento do crédito alimentar –, a forma encontrada para tentar contornar tais consequências era informar o afastamento ao juiz. Com isso, aquele que abandonou a casa livrava-se da pecha de culpado. Bastava singelamente solicitar, ou melhor, comunicar judicialmente o desejo de romper o casamento, afastando-se do lar. Aliás, não precisava sequer aguardar a manifestação do juízo para sair de casa.

A separação de corpos também atendia a outro propósito. Servia de marco temporal para a concessão da separação mesmo consensual, eis que antes de um ano de casados os cônjuges não podiam se separar (CC 1.572 § 1.º). Assim, intentada a ação antes desse prazo, a solução encontrada pelos juízes era decretar a separação de corpos e suspender o processo, aguardando o implemento do prazo para a separação judicial.

Para se liberarem dos efeitos do casamento, muitas vezes os cônjuges ingressavam em conjunto com o pedido de separação de corpos. Esse procedimento, por ser **consensual**, não podia ser chamado de medida cautelar. Tratava-se de **procedimento de jurisdição voluntária**, no qual o juiz tinha função meramente homologatória da vontade das partes. Nem sequer era realizada audiência para ouvir os cônjuges. Expedia-se **alvará** para quem se afastou da residência. Essa prática, ainda que não dispusesse de previsão legal, acabou institucionalizada e de largo uso. A medida servia para libertar o casal dos deveres matrimoniais, fixar os efeitos patrimoniais da separação de fato e afastar a presunção de paternidade de que desfrutava o filho de homem casado (CC 1.597).

Sendo consensual o fim do convívio, e inexistindo filhos menores ou incapazes, é possível os cônjuges buscarem separação de corpos, perante o tabelião.[6] Como é possível o divórcio amigável em sede administrativa, não se justifica impedir a separação de corpos pela mesma modalidade.[7]

Ou seja, quando os cônjuges não desejavam promover ação de separação, de forma consensual faziam uso do procedimento de separação de corpos. Assim, em vez de aguardarem

---

6. Christiano Cassettari, Separação, divórcio e inventário por escritura pública, 125.
7. Paulo Hermano Soares Ribeiro, Análise preliminar da EC n. 66/10 e seus reflexos no divórcio por escritura pública.

o prazo de dois anos da separação de fato para a concessão do divórcio (CC 1.580 § 2.º), bastava esperar um ano (LD 8.º) para converter a separação de corpos em divórcio (CC 1.580). Com isso o prazo para a obtenção do divórcio ficava reduzido pela metade.

Como lembra José Fernando Simão, com a reforma constitucional tudo mudou: *No sistema tradicional, se os cônjuges estivessem de comum acordo quanto ao fim do casamento, mas ainda não tivessem o prazo de 1 ano de casamento necessário à separação consensual, poderiam propor uma medida cautelar consensual para, após decurso do prazo em questão, se valerem da ação principal de separação judicial. Tratava-se de cautelar satisfativa. Tal possibilidade acabou. Como não há mais o prazo de 1 ano como requisito para o fim da sociedade conjugal (art. 1.574), a medida cautelar passou a ser desnecessária e inútil e caberá aos cônjuges a propositura de divórcio consensual.*[8]

Ao menos acabou a hipocrisia!

---

8. José Fernando Simão, A PEC do divórcio: a revolução do século em matéria de direito de família.

11
QUESTÕES INTERTEMPORAIS E AÇÕES EM ANDAMENTO

Apesar de persistir a resistência de alguns, com a aprovação da EC 66/2010, a separação desapareceu do sistema jurídico. Ainda que permaneçam no Código Civil os dispositivos que regiam o instituto (CC 1.571 a 1.578), tal não significa que persista a possibilidade de alguém buscar somente o "término" do casamento, quer judicial quer extrajudicialmente. Agora só é possível pleitear a dissolução do casamento via divórcio.

Muitas vezes, quando o casal não desejava se divorciar, até por motivação religiosa, a separação era a saída. Mas este fundamento não justificava a mantença de um instituto para lá de anacrônico. E, se alguém ainda pretende não se divorciar mas não quer mais continuar casado, pedir a separação judicial não é mais possível. O jeito é fazer uso da separação de corpos, que põe fim aos deveres do casamento, rompe o regime patrimonial, mas mantém hígida a sociedade conjugal.

O pedido pode ser levado a efeito de modo consensual ou por iniciativa de somente um dos cônjuges, de forma litigiosa. Quando a separação de corpos é buscada por mútuo acordo, não se trata da medida cautelar, mas de procedimento de jurisdição voluntária. Não havendo filhos menores ou incapazes, pode inclusive ser formalizada por escritura pública.

De qualquer modo, estando em andamento a separação judicial ou de corpos – quer litigiosa, consensual ou na via extrajudicial – quando do advento da EC 66/2010, possível transformar qualquer dos procedimentos em divórcio, pela aplicação do princípio da fungibilidade. Nem mesmo os tabeliães podem lavrar escrituras de separação consensual, que padecerão de vício de nulidade absoluta, por infração ao texto constitucional.[1]

O fato é que ninguém mais duvida que a nova matriz constitucional entrou imediatamente em vigor, não carecendo de regulamentação. Afinal, o divórcio está regrado no Código Civil, e a Lei do Divórcio manda aplicar ao divórcio consensual o procedimento da separação por mútuo consentimento (LD 40 § 2.º). Assim, nada mais se fazia preciso para implementar a nova sistemática.

A novidade atingiu as ações em andamento. Todos os processos de separação perderam o objeto por impossibilidade jurídica do pedido (CPC 267 VI). Não podem seguir tramitando demandas que buscam uma resposta não mais contemplada no ordenamento jurídico. Uma vez que o pedido de separação se tornou juridicamente impossível, ocorreu a superveniência de fato extintivo do direito objeto da ação, a ser reconhecido de ofício pelo juízo.

Mas como o instituto deixou de existir, em vez de extinguir o processo de separação deve o juiz transformá-lo em ação de divórcio. Como se trata de direito potestativo que não admite contestação, deixa de ser necessária qualquer dilação probatória. Eventualmente cabe continuar sendo objeto de discussão as demandas cumuladas, como alimentos, partilha de bens etc. Mas o divórcio deve ser decretado de imediato.[2]

---

1. José Fernando Simão, A PEC do divórcio..., 19.
2. Família. Ação de divórcio litigioso direto. Advento da Emenda Constitucional n. 66/2010. Supressão da exigência de lapso temporal de separação de fato ou judicial. Decretação do divórcio. Pedido de alimentos e partilha de bens. Controvérsia sobre matéria fática. Retorno dos autos ao juízo de origem para prosseguimento da lide. Com a entrada em vigor da Emenda Constitucional n. 66, deu-se nova

Nem sequer os aspectos patrimoniais carecem de definição, eis ser possível a concessão do divórcio sem partilha de bens (CC 1.581).

Não há a necessidade de a alteração ser requerida pelas partes, que nem precisam proceder à adequação do pedido. Cabe ao juiz dar-lhes ciência da alteração legal, deferindo um prazo para se manifestarem caso discordem do decreto de divórcio. Se os cônjuges silenciarem, tal significa concordância com a decretação do divórcio. De qualquer modo, eventual discordância de uma das partes – seja do autor, seja do réu – não impede a dissolução do casamento. Somente na hipótese de haver expressa oposição de ambos os separandos à concessão do divórcio cabe ser extinto o processo por impossibilidade jurídica do pedido, pois não há como o juiz proferir sentença chancelando direito não mais previsto na lei.

Encontrando-se o processo de separação em grau de recurso, descabe ser julgado o mérito da demanda. Nem mesmo é necessário o retorno dos autos à origem, para o divórcio ser chancelado pelo juízo singular. No máximo deve o relator intimar as partes. Tal providência levada a efeito no segundo grau não fere o princípio do duplo grau de jurisdição.

Somente havendo expressa irresignação de ambos os cônjuges não cabe decretar o divórcio.

---

redação ao § 6.º do art. 226 da Constituição Federal, que dispõe sobre a dissolubilidade do casamento civil pelo divórcio, restando suprimida a exigência de prévia separação judicial do casal por mais de 1 (um) ano ou da comprovação da separação de fato por mais de 2 (dois) anos, razão pela qual, havendo pedido, deve ser decretado, de imediato, o divórcio do casal. Tratando-se de demanda cumulada, em que, além do divórcio, foram requeridos alimentos e partilha de bens do casal, tem-se como devida a imediata decretação do divórcio, com o retorno dos autos, entretanto, ao juízo de origem, para o prosseguimento da lide com relação aos demais pleitos (TJMG, AC 1.0456.05.033464-2/001(1), Rel. Des. Elias Camilo, j. 11/11/2010).

11.1 Divórcio judicial

Com a alteração constitucional, acabou o instituto da separação e as pessoas casadas, separadas de fato, de corpos, separadas judicial ou extrajudicialmente podem pedir imediatamente a decretação do divórcio, não sendo preciso aguardar o decurso de qualquer prazo. Nem é necessário esperar um ano do casamento para ser buscada a sua dissolução. A limitação que existia era para a concessão da separação. Com o seu fim, desapareceu todo e qualquer obstáculo temporal para o divórcio.

Na **via judicial** nenhum fundamento precisa ser declinado para a propositura da ação de divórcio. Não mais se faz necessária a indicação de testemunhas para comprovar o decurso do prazo de separação de fato por dois anos, exigência que não mais existe.

Não havendo filhos menores ou incapazes, não é necessária a realização da **audiência de reconciliação**. Também a intervenção do **Ministério Público** não é obrigatória e o juiz não pode negar a homologação do pedido. A chamada cláusula de dureza, que autorizava o juiz a negar a separação (CC 1.574 parágrafo único), não existe no divórcio.

Na hipótese de ser designada audiência, as partes podem ser representadas por **procurador**. A procuração precisa ser lavrada por escritura pública com poderes especiais para este fim. Apesar de o Código Civil dizer que o divórcio somente compete aos cônjuges (CC 1.582), é possível contrabandear dispositivo da Resolução do CNJ[3] que admite a representação.

---

3. Resolução 35 do CNJ: Art. 36. O comparecimento pessoal das partes é dispensável à lavratura de escritura pública de separação e divórcio consensuais, sendo admissível ao(s) separando(s) ou ao(s) divorciando(s) se fazer representar por mandatário constituído, desde que por instrumento público com poderes especiais, descrição das cláusulas essenciais e prazo de validade de trinta dias.

Os separados judicialmente podem buscar o divórcio mesmo antes do decurso do prazo de um ano da separação de corpos ou do decreto da separação judicial. Não se justifica mais pleitear a conversão da separação em divórcio.

11.2 Divórcio extrajudicial

É possível buscar a dissolução do casamento extrajudicialmente. Para isso é preciso haver a concordância dos cônjuges e inexistirem filhos menores ou incapazes.

É necessária a presença dos cônjuges acompanhados de advogado para a lavratura da escritura, sendo dispensável a declaração de testemunhas, pois não há mais prazo para a sua concessão.

Estando em andamento o procedimento extrajudicial da separação, cabe ao notário certificar as partes da impossibilidade de ser lavrada a escritura. Não havendo a concordância de ambos com o divórcio, não pode o tabelião elaborar a escritura da separação. O ato é nulo.

11.3 Separação judicial

Como o instituto da separação judicial foi banido do sistema jurídico, deve o juiz dar ciência às partes de que o pedido de separação não pode ser acolhido, concedendo um prazo para se manifestaram. O jeito menos burocrático é intimar as partes para que manifestem expressamente a discordância com a decretação do divórcio, com a alerta de que, se ficarem em silêncio, isso significará que concordam com o decreto do divórcio. Assim, quem concorda não precisa sequer se manifestar.

A discordância de somente um dos cônjuges não impede a concessão do divórcio, pois a vontade do outro em se divorciar merece ser respeitada, seja ele o autor ou o réu da ação. A irresignação do autor significaria desistência da ação, para a qual é preciso a concordância o réu (CPC 267 § 4.º). Assim, manifestada resistência de qualquer dos cônjuges, basta que o outro se mantenha em silêncio para a decretação do divórcio.

11.4 Separação de corpos

Estando as partes separadas de corpos, com o advento da EC 66/2010, não há a necessidade de as partes esperarem o decurso do prazo de um ano para pleitearem o divórcio.

Nem cabe mais ser requerida a transformação da separação de corpos em divórcio, mas o divórcio direto.

De outro lado, se quando da reforma constitucional se encontrava em andamento a ação cautelar de separação de corpos, possível a decretação do divórcio. Basta a concordância de uma das partes. Só a resistência de ambas faz com que o juiz se limite a chancelar a separação de corpos.

O mesmo deve ser o proceder do tabelião caso o procedimento de separação de corpos seja consensual e a escritura esteja em fase de elaboração quando da EC 66/2010.

11.5 Restabelecimento da sociedade conjugal

Como persiste íntegra a sociedade conjugal de quem está separado judicialmente, nada impede a reconciliação, com o retorno ao estado de casado.[4]

---

4. Civil e processual civil. Divórcio direto. Audiência de ratificação. Desnecessidade. Separação de fato comprovada por prova documental. Declaração de testemunhas (com firma reconhecida em cartório). Emenda Constitucional n. 66/10. Aplicação imediata. 1. Não se mostra necessária a realização de audiência de ratificação em ação de divórcio direto quando os elementos de convicção produzidos nos autos, notadamente a declaração de testemunhas (com firma reconhecida em cartório), evidenciam de forma clara a separação de fato do casal pelo lapso temporal exigido na lei, agregados ao fato de que os interessados, categoricamente, manifestam-se pela dissolução do vínculo matrimonial. 1.1 Ao demais, com a promulgação da Emenda

O só fato de ter sido extinto o instituto da separação não afasta dos separados o direito de retomarem o casamento, não se podendo falar em impossibilidade jurídica do pedido.⁵

Constitucional n. 66, de 13 de julho de 2010, que alterou § 6.º do art. 226 da Carta Magna, restou abolida a prévia separação como requisito para o divórcio, e ao mesmo tempo eliminado qualquer prazo para se requerer o divórcio, seja judicial ou administrativo (Lei 11.441/07). 1.2 Mesmo que a ação tenha sido proposta antes do início da vigência do citado diploma constitucional, nada obsta sua aplicação, na medida em que a norma constitucional tem eficácia imediata, sendo certo que os processos em curso devem se adaptar à novel realidade constitucional. 2. Recurso conhecido e desprovido (TJDF, AC 20090710344608, 5.ª T. Cív., Rel. Des. João Egmont, j. 14/04/2011).

5. Pedido de restabelecimento de sociedade conjugal. Sentença de extinção do feito por impossibilidade jurídica do pedido pelo advento da EC 66/2010. Nova redação ao § 6.º do art. 226 da Constituição Federal que não retira a vigência da legislação infraconstitucional. Sentença desconstituída. 1. A aprovação da Emenda Constitucional n. 66/2010, ao dar nova redação ao § 6.º do art. 226 da Constituição Federal, que dispõe sobre a dissolubilidade do casamento civil pelo divórcio, não enseja automática revogação da legislação infraconstitucional que disciplina a dissolução da sociedade e do vínculo conjugal. Para que isso ocorra, indispensável seja modificado o Código Civil, que, por ora, preserva em pleno vigor os dispositivos atinentes à separação judicial e ao divórcio. Inteligência do art. 2.º, § 1.º, da Lei de Introdução ao Código Civil (Decreto-lei 4.657/42). Precedente deste colegiado no julgamento da AC 70039476221. 2. E mesmo que assim não fosse entendido, o certo é que, no caso, o casal separou-se judicialmente em data anterior à vigência da EC 66/10. Logo, a sua condição é de separados judicialmente, soando desarrazoado atribuir efeitos de divórcio à separação judicial ocorrida antes da EC 66/10, que, no caso, em última análise, é o que faz o ilustre sentenciante, ao negar ao casal a possibilidade de restabelecer a sociedade conjugal, único elo rompido pela separação judicial! Declaração de voto do desembargador vogal, que acompanha o relator pela conclusão, diante das peculiaridades do caso, mas diverge dos pressupostos da fundamentação. Deram provimento à apelação. Unânime (TJRS, AC 70039827159, 8.ª C. Cív., Rel. Des. Luiz Felipe Brasil Santos, j. 27/01/2011).

Desimporta se a separação foi judicial ou administrativa, consensual ou litigiosa, e tenha ocorrido antes da EC 66/2010. O casal mantém o direito de buscar, a qualquer tempo, o restabelecimento do casamento (CC 1.577).

Mesmo que haja filhos menores ou incapazes, o pedido de reversão pode ser levado a efeito extrajudicialmente.

11.6 Conversão da separação em divórcio

Com o desaparecimento do instituto da separação, com ele também acabou a possibilidade de sua conversão em divórcio (CC 1.580). Cabível somente a decretação do divórcio, não sendo preciso aguardar o decurso do prazo de um ano da separação de corpos ou do decreto da separação judicial.[6]

Encontrando-se em andamento o procedimento de conversão da separação em divórcio, em vez da extinção de plano do processo, cabe ao juiz simplesmente decretar o divórcio. Desimporta se o pedido de conversão é consensual ou litigioso. Tendo um dos separados buscado a via judicial para a decretação do divórcio, nada justifica obstaculizar sua concessão, ainda que não haja a concordância do demandado, que só precisa ser citado.[7]

---

6. Separação litigiosa. Casamento. [...] A EC 66/2010 alterou referido artigo, que passou a vigorar com a seguinte redação: "O casamento civil pode ser dissolvido pelo divórcio". Em face da alteração desta norma constitucional extinguiram-se do ordenamento jurídico pátrio os institutos da separação judicial e da conversão da separação judicial em divórcio, subsistindo apenas o divórcio direto como meio de dissolução do matrimônio, sem qualquer requisito temporal para sua decretação. Referida conclusão decorre da interpretação histórica, teleológica e sistemática da aludida norma constitucional. [...] (TJSP, Proc. 011.09.118058-0, Juíza Daniela Maria Cilento Morsello, p. 23/03/2011).

7. Agravo de instrumento. Ação de conversão de separação em divórcio. A aprovação da Emenda Constitucional n. 66/2010, ao dar nova

Do mesmo modo, em se tratando de procedimento perante o tabelião, em vez de lavrar escritura de conversão, impositivo que o ato notarial seja o divórcio.

11.7 Estado civil

As pessoas que se encontravam separadas judicialmente antes da alteração constitucional permanecem com essa mesma condição, uma vez que não houve a transformação automática do estado civil de separado para divorciado.

Assim, quem se encontra separado judicialmente deve continuar assim se qualificando. Também não pode casar. Para isso é necessário buscar o divórcio.

A única possibilidade é restabelecer o casamento, pois com a separação ocorreu somente o rompimento e não a dissolução da sociedade conjugal.

11.8 Nome

Com o fim do instituto da separação também acabou a odiosa prerrogativa de o titular do nome impor que o cônjuge que o adotou seja condenado a abandoná-lo. Não mais continuam em vigor os arts. 1.571 § 2.º e 1.578 do CC.

Como não há mais espaço para discussão de **culpa**, não é possível ser buscada a exclusão do nome por parte de quem o

---

redação ao § 6.º do art. 226 da Constituição Federal, que dispõe sobre a dissolubilidade do casamento civil pelo divórcio, não enseja automática revogação da legislação infraconstitucional que disciplina a dissolução da sociedade e do vínculo conjugal, ou seja, ainda há no dispositivo a figura da separação judicial e, lógico, a do divórcio. Situações próximas, mas que diferem. No caso presente, imprescindível a citação do cônjuge para dissolução da sociedade conjugal. Admitindo a citação por edital. Agravo de instrumento desprovido (TJRS, AI 70041891110, 7.ª C. Cív., Rel. Dr. Roberto Carvalho Fraga, j. 08/06/2011).

"cedeu" ao outro quando do casamento. Logo, nenhuma justificativa precisa ser declinada por quem "adotou" o nome do par para continuar a usá-lo depois do divórcio. Basta silenciar. Nem precisa manifestar qual é o seu desejo.

Ainda que na demanda de separação em andamento, sob o fundamento da culpa, buscasse o titular do nome que fosse afastado o direito do cônjuge de continuar a usar o "seu" nome, a discussão caiu por terra. A pretensão esvaiu-se e resta a questão do uso do nome ao livre arbítrio de quem o adotou. O outro nada mais pode interferir.

Caso o cônjuge tenha sido declarado culpado na separação, e por isso tenha sido excluído o sobrenome que havia adotado, possível buscar o restabelecimento do nome que adquirira ao casar. Para isso não é sequer necessário propor ação judicial. Basta buscar a alteração junto ao Registro Civil, não havendo mesmo a necessidade de ser intimado o ex-cônjuge.

11.9 Alimentos

Quer seja objeto de ação autônoma, quer esteja atrelada à demanda dissolutória do casamento, a pretensão alimentar não se sujeita a qualquer reflexo em face do fim da separação que levou consigo o instituto da culpa.

A culpa pelo descumprimento dos deveres conjugais ou por alguma das hipóteses que ensejavam o pedido de separação (CC 1.572 e 1.573) não cabe mais ser questionada. Não persiste a possibilidade de ocorrer o achatamento do valor dos alimentos, não cabendo questionar se a situação de necessidade resultou da "culpa" de quem os pretenda (CC 1.694 § 2.º).

Tramitando a ação de separação cumulada com os alimentos, impositivo o decreto do divórcio, havendo a possibilidade de prosseguir a demanda alimentícia na qual cabe ser questionada tão só a situação de necessidade de um e a possibilidade do outro.

Desse modo, mister reconhecer que estão derrogados não só os arts. 1.702 e 1.704 do CC, mas também o § 2.º do art. 1.694. Via de consequência, não é possível invocar a obrigação dos parentes e a eventual ilegitimidade do cônjuge para a ação de alimentos.

12
CONCLUSÕES

Desde 14 de julho de 2010, com a entrada em vigor da Emenda Constitucional 66/2010, dando nova redação ao § 6.º do art. 226 da CF, só existe uma única forma de pôr fim ao casamento: o divórcio. O instituto da separação simplesmente desapareceu do sistema jurídico pátrio. Não pode ser buscado nem consensualmente, nem via procedimento de jurisdição voluntária ou em sede administrativa através de escritura pública.

A nova ordem constitucional veio para atender ao anseio de todos e espancar definitivamente a identificação da causa da falência do casamento para a sua dissolução. Este certamente foi o grande mérito da reforma: banir a perseguição de culpados pelo fim do amor.

A necessidade de declinar as causas do rompimento do vínculo afetivo como pressuposto para a propositura da ação de separação evidenciava o interesse do legislador na manutenção dos "sagrados" laços do matrimônio. Punia quem dele se afastava. A penalização não era só de ordem patrimonial. Além de permitir o achatamento do valor dos alimentos, afetava o próprio direito à identidade. Caso o culpado tivesse adotado o nome do outro, ficava à mercê da vontade dele para continuar usando o nome com o qual havia passado a ser reconhecido a partir do casamento.

Como já se encontrava consagrado pela jurisprudência que a separação de fato rompe a sociedade conjugal, não se perpetuam os deveres conjugais e termina o regime de bens do casamento quando do fim da mantença da vida em comum, nada mais justifica a mantença de uma dupla via para formalizar o término do casamento. Mesmo que ainda existam poucas vozes discordantes, a autoaplicabilidade do preceito constitucional é amplamente professado e hoje se encontra solidificado no âmbito doutrinário e jurisprudencial. Nas ações de separação em tramitação, os juízes adotaram a prática de intimar as partes e decretar o divórcio.

Como se trata de direito potestativo, a discordância de apenas um deles – quer do autor ou do réu – não impede o decreto do divórcio. Somente no caso de ambos os cônjuges manifestarem expressamente rejeição ao decreto do divórcio deve ser extinto o processo por impossibilidade jurídica do pedido.

Também os tabeliães e os registradores aderiram à mudança, e nesse sentido vêm orientando os órgãos representativos dos serviços notariais.

O instituto da culpa no âmbito do Direito das Famílias não mais persiste, nem ações de anulação do casamento nem para a quantificação do valor dos alimentos. Em nenhuma dessas hipóteses se cogita da culpa pelo desenlace do matrimônio.

No entanto, a "absolvição" dos culpados que a reforma provocou não tem o condão de afastar eventuais obrigações indenizatórias a título de dano moral.

Desaparecida a culpa para dissolver o casamento, não há como ser invocada em sede de direito sucessório para assegurar ao separado de fato, há mais de dois anos, a permanência da condição de herdeiro.

Pelo mesmo motivo descabe, pelo prazo de dois anos depois da separação, assegurar ao cônjuge sobrevivente o direito de ser beneficiário de seguro.

Do mesmo modo, não há como conceder ao cônjuge separado o direito de ser curador do outro, quando este é declarado ausente.

As ações de separação que se encontravam em tramitação não podem prosseguir. Devem ser transformadas em divórcio, inclusive quando o processo se encontra em sede recursal.

Do mesmo modo, as escrituras de separação que se encontravam em fase de elaboração não podem ser lavradas. Caso os cônjuges não aceitem o divórcio, o tabelião não pode proceder ao ato.

Tanto a sentença como a escritura seriam nulas por chancelarem situação jurídica não mais existente.

Quem se encontrava separado judicialmente quando da mudança constitucional mantém este estado civil. Os ex-cônjuges preservam a possibilidade de restabelecerem o casamento.

Não cabe sequer buscar a conversão da separação em divórcio. O casal, de modo consensual, ou um deles, via demanda litigiosa, deve pleitear diretamente o divórcio, sem a necessidade de aguardar o decurso de qualquer prazo.

Quem teve decretada a separação de corpos mantém o estado civil de casado e, para dissolver o casamento, necessita buscar o divórcio. No entanto, se houver reconciliação, nenhuma providência precisa ser levada a efeito para o restabelecimento da sociedade conjugal.

O advento da nova ordem constitucional em nada afetou a possibilidade do uso da via administrativa para o divórcio ser levado a efeito por meio de escritura pública. Quando há consenso, é possível o divórcio extrajudicial, desde que o casal não tenha filhos menores ou incapazes. Neste caso, é indispensável a propositura da ação de divórcio consensual, onde deve ficar definida a forma de convivência com os filhos e estabelecido o encargo alimentar. Esta é a única hipótese em que a audiência de conciliação se faz indispensável para a decretação do divórcio. Como há interesse de menores, mister a participação do Ministério Público.

Ao ser banido o instituto da separação do texto constitucional, os ganhos foram significativos. A dissolução do casamento só pode ocorrer por meio do divórcio. Qualquer outra conclusão transformaria a reforma em letra morta.

Os idealizadores da Emenda Constitucional são enfáticos ao ressaltar o caráter ético da mudança. O presidente do IBDFAM – Instituto Brasileiro de Direito de Família fala em nome dos seus quase seis mil associados. Diz Rodrigo da Cunha Pereira: *A nova estrutura do divórcio instalado no Brasil significa a vitória da ética sobre a moral, do Direito sobre a religião, do princípio da liberdade dos sujeitos de dirigirem a própria vida sem a indesejada intervenção do Estado. E, para aqueles que temem que este foi um passo a mais para destruir e desorganizar as famílias, podem se tranquilizar. A família é indestrutível. Ela foi, é e continuará sendo o núcleo básico e essencial da formação e estruturação dos sujeitos, e consequentemente do Estado. Divórcio não significa o fim da família, mas tão somente o fim da conjugalidade. A família agora ficará melhor, com maior liberdade dos cônjuges de estarem casados ou não.*[1]

Não é outra a posição de Paulo Lôbo, um dos autores do anteprojeto da Emenda Constitucional: *Só agora, com a EC 66, o Estado laico chegou ao casamento, consumando a liberdade de constituí-lo e dissolvê-lo. É com essa finalidade, de confiança na autonomia responsável dos cônjuges, que deve ser interpretada.*[2]

---

1. Rodrigo da Cunha Pereira, Divórcio responsável.
2. Paulo Lôbo, Separação era instituto anacrônico.

CONCLUSÕES

Como bem referiu o Deputado Sérgio Barradas Carneiro, relator do Projeto, na justificativa que apresentou: *Impõe-se a unificação no divórcio de todas as hipóteses de separação dos cônjuges, sejam litigiosas ou consensuais. A submissão a dois processos judiciais (separação judicial e divórcio por conversão) resulta em acréscimos de despesas para o casal, além de prolongar sofrimentos evitáveis.*

Inquestionável que ninguém mais duvida que estava mais do que na hora de acabar com uma excrescência que se manteve durante mais de 30 anos, pela histórica resistência de segmentos conservadores à adoção do divórcio. Nos dias de hoje, em que a influência religiosa vem perdendo espaço, era absolutamente inoportuno manter uma dupla via para assegurar o direito de sair de um relacionamento. Prevaleceu o respeito à dignidade humana, ao ser garantido o exercício do direito à liberdade. Afinal, como afirma Hegel, o lugar mais precioso do direito, seu ponto de partida, é a *vontade*, que é livre, de tal modo que a liberdade constitui sua substância e determinação, sendo o direito, então, o reino da liberdade realizada.[3]

Assim, nada justificava o óbice temporal para a concessão do divórcio que, em última instância, era também o óbice legal à busca de um novo afeto, ao encontro da felicidade.

---

3. Georg Wilhelm Friedrich Hegel, Principios de la filosofia del derecho, 31.

ANEXOS*

---

* O texto dos Anexos está com a formatação original.

1. EMENDA CONSTITUCIONAL N. 66, DE 13 DE JULHO DE 2010*

> Dá nova redação ao § 6.º do art. 226 da Constituição Federal, que dispõe sobre a dissolubilidade do casamento civil pelo divórcio, suprimindo o requisito de prévia separação judicial por mais de 1 (um) ano ou de comprovada separação de fato por mais de 2 (dois) anos.

As Mesas da Câmara dos Deputados e do Senado Federal, nos termos do art. 60 da Constituição Federal, promulgam a seguinte Emenda ao texto constitucional:

Art. 1.º O § 6.º do art. 226 da Constituição Federal passa a vigorar com a seguinte redação:

Art. 2.º Esta Emenda Constitucional entra em vigor na data de sua publicação.

Brasília, em 13 de julho de 2010.

Mesa da Câmara dos Deputados
Deputado MICHEL TEMER
Presidente

Mesa do Senado Federal
Senador JOSÉ SARNEY
Presidente

---

* Publicada no *Diário Oficial da União* de 14 de julho de 2010.

2. PROPOSTA DE EMENDA À CONSTITUIÇÃO N. ___, DE 2007

(Do Dep. Sérgio Barradas Carneiro)

> *Altera o § 6.º do art. 226 da Constituição Federal, para supressão do instituto da separação judicial.*

As mesas da Câmara dos Deputados e do Senado Federal, nos termos da art. 60 da Constituição Federal, promulgam a seguinte Emenda ao texto constitucional:

Art. 1.º O § 6.º do art. 226 da Constituição Federal passa a vigorar com a seguinte redação:

"Art. 226 ....
....

§ 6.º O casamento civil pode ser dissolvido pelo divórcio consensual ou litigioso, na forma da lei." (NR)

....

Art. 2.º Esta Emenda Constitucional entra em vigor na data de sua publicação.

JUSTIFICATIVA

A presente Proposta de Emenda Constitucional é uma antiga reivindicação não só da sociedade brasileira, assim como o Instituto Brasileiro de Direito de Família, entidade que congrega magistrados, advogados, promotores de justiça, psicólogos, psicanalistas, sociólogos e outros profissionais que atuam no âmbito das relações de família e na resolução de seus conflitos, e também defendida pelo Nobre Deputado Federal Antonio Carlos Biscaia (Rio de Janeiro).

Não mais se justifica a sobrevivência da separação judicial, em que se converteu o antigo desquite. Criou-se, desde 1977, com o advento da legislação do divórcio, uma duplicidade artificial entre dissolução da sociedade conjugal e dissolução do casamento, como solução de compromisso entre divorcistas e antidivorcistas, o que não mais se sustenta.

Impõe-se a unificação no divórcio de todas as hipóteses de separação dos cônjuges, sejam litigiosos ou consensuais. A submissão a dois processos judiciais (separação judicial e divórcio por conversão) resulta em acréscimos de despesas para o casal, além de prolongar sofrimentos evitáveis.

Por outro lado, essa providência salutar, de acordo com valores da sociedade brasileira atual, evitará que a intimidade e a vida privada dos cônjuges e de suas famílias sejam revelados e trazidos ao espaço público dos tribunais, como todo o caudal de constrangimentos que provocam, contribuindo para o agravamento de suas crises e dificultando o entendimento necessário para a melhor solução dos problemas decorrentes da separação.

Levantamentos feitos das separações judiciais demonstram que a grande maioria dos processos são iniciados ou concluídos amigavelmente, sendo insignificantes os que resultaram em julgamentos de causas culposas imputáveis ao cônjuge vencido. Por outro lado, a preferência dos casais é nitidamente para o divórcio que apenas prevê a causa objetiva da separação de fato, sem imiscuir-se nos dramas íntimos; Afinal, qual o interesse público relevante em se investigar a causa do desaparecimento do afeto ou do desamor?

O que importa é que a lei regule os efeitos jurídicos da separação, quando o casal não se entender amigavelmente, máxime em relação à guarda dos filhos, aos alimentos e ao patrimônio familiar. Para tal, não é necessário que haja dois processos judiciais, bastando o divórcio amigável ou judicial.

Sala das Sessões, 10 de abril de 2007.

SÉRGIO BARRADAS CARNEIRO PT/BA
Deputado

2.1 PARECER N. ___, DE 2009

> Da COMISSÃO DE CONSTITUIÇÃO, JUSTIÇA E CIDADANIA, sobre a Proposta de Emenda à Constituição (PEC) n. 28, de 2009 (n. 413, de 2005, na origem), *que dá nova redação ao § 6.º do art. 226 da Constituição Federal, que dispõe sobre a dissolubilidade do casamento civil pelo divórcio, suprimindo o requisito de prévia separação judicial por mais de 1 (um) ano ou de comprovada separação de fato por mais de 2 (dois) anos.*

RELATOR: Senador DEMÓSTENES TORRES

I – RELATÓRIO

A Proposta de Emenda à Constituição (PEC) n. 28, de 2009, originária da Câmara dos Deputados, onde foi registrada sob o n. 413, de 2005, direciona-se ao § 6.º do art. 226 da Constituição Federal, do qual pretende suprimir os requisitos relativos ao lapso temporal de um ano, contado da separação judicial, e de dois anos, contados da data da separação de fato, para a obtenção do divórcio.

A proposta é lastreada por exposição das condições sociais que culminaram, em 1977, com a Emenda Constitucional n. 9, que admitiu o divórcio no Brasil.

Não foram apresentadas emendas.

II – ANÁLISE

A análise da PEC não revela impropriedade de natureza constitucional, jurídica, regimental ou de técnica legislativa, o que comporta a sua admissibilidade e remete ao exame de mérito.

A data que serve de base para a contagem do prazo para o ajuizamento da ação de divórcio – denominada *dies a quo* – é a do trânsito em julgado da separação judicial. No caso da separação de fato, por abandono unilateral ou recíproco, o prazo é de dois anos.

Por construção jurisprudencial, mais tarde assimilada pela lei, a data a partir da qual se conta o prazo para requerer o divórcio pode retroagir à da separação cautelar de corpos, medida que, geralmente, precede a ação principal de separação judicial.

Como se vê, a regra não é rígida, sobretudo porque existem as uniões estáveis, elevadas ao patamar do casamento civil e que podem ser desfeitas ao alvedrio dos companheiros.

Além disso, o interesse no fim da união matrimonial assume características variadas, sujeitas ao teor dos conflitos – ou a sua inexistência –, à extensão patrimonial, às questões ligadas à prole, em especial a fixação de alimentos, o que não se resolve pela simples dilatação do prazo compreendido entre a separação formal ou informal e o divórcio.

Observa-se também que, passados mais de trinta anos da edição da Emenda Constitucional n. 9, de 1977, perdeu completamente o sentido manter os pré-requisitos temporais de separação judicial e de fato para que se conceda o divórcio.

Saliente-se que, no casamento, dois institutos se superpõem: a *sociedade conjugal*, que decorre da simples vida em comum, na condição de marido e mulher, com a intenção de constituir família, e o *vínculo conjugal*, que nasce da interferência do próprio Estado, mediante a solenização do ato, na presença de testemunhas, com portas abertas e outras condições estabelecidas em lei.

A sociedade conjugal, fruto da iniciativa dos cônjuges, pode por eles ser desfeita, formal ou informalmente, ao seu arbítrio, mas o vínculo conjugal, para ser desfeito pelo divórcio, depende de nova interferência do Estado.

Ora, o Estado atual é bem menos tutelar que o de trinta anos atrás, e, quanto à sociedade hodierna, as dúvidas e temores que acometeram diversos segmentos dos anos 70 do século passado estão, hoje, todos dissipados, inclusive o de que, "no dia seguinte à aprovação do divórcio, não restaria, no País, um só casamento".

O que se observa é que a sociedade brasileira é madura para decidir a própria vida, e as pessoas não se separam ou divorciam apenas porque existem esses institutos. Portanto, não é a existência do instituto *divórcio* que desfaz casamentos, nem a imposição de prazos ou *separações intermediárias* que o impedirá.

Acrescente-se que a exigência de prazo e a imposição de condição para a realização do divórcio desatendem ao princípio da proporcionalidade, que recomenda não cause a lei ao jurisdicionado ônus impróprio ou desnecessário. Ora, o prazo para a concessão do divórcio não é peremptório, tanto que pode retroagir à data da separação cautelar de corpos, e a condição não é essencial, porquanto a sociedade conjugal pode ser desfeita pelo casal, indiferente ao Estado. Logo, as duas variáveis, sem nenhum prejuízo para o disciplinamento do tema, podem ser retiradas da norma, conforme preconiza a proposta de emenda.

III – VOTO

Diante das considerações expendidas, o voto é pela **aprovação** da PEC n. 28, de 2009.

Sala da Comissão, 24 de junho de 2009.

Senador JAYME CAMPOS, Presidente em exercício
Senador DEMÓSTENES TORRES, Relator

2.2 PARECERES DA CÂMARA FEDERAL

COMISSÃO ESPECIAL DESTINADA A PROFERIR PARECER À PROPOSTA DE EMENDA À CONSTITUIÇÃO N. 22-A, DE 1999, DO SENHOR ENIO BACCI, QUE "AUTORIZA O DIVÓRCIO APÓS 1 (UM) ANO DE SEPARAÇÃO DE FATO OU DE DIREITO E DÁ OUTRAS PROVIDÊNCIAS", ALTERANDO O DISPOSTO NO ARTIGO 226, § 6.º, DA CONSTITUIÇÃO FEDERAL.

PROPOSTA DE EMENDA À CONSTITUIÇÃO N. 22-A, DE 1999

Autoriza o divórcio após 1 (um) ano de separação de fato ou de direito e dá outras providências.

Autores: Deputado ENIO BACCI e outros.
Relator: Deputado JOSEPH BANDEIRA

I – RELATÓRIO

Esta Comissão Especial foi constituída pela Presidência da Câmara dos Deputados com esteio no art. 202, § 2.º, do Regimento Interno, para examinar o mérito e proferir parecer à Proposta de Emenda à Constituição – PEC n. 22-A, de 1999, em epígrafe.

Àquela proposição encontram-se apensadas a Proposta de Emenda à Constituição n. 413-A, de 2005, do ilustre Deputado Antonio Carlos Biscaia e outros, que "Altera o § 6.º do art. 226 da Constituição Federal, que dispõe sobre o divórcio", e a Proposta de Emenda à Constituição n. 33-A, de 2007, do ilustre Deputado Sérgio Barradas Carneiro e outros, que "Altera o § 6.º do art. 226 da Constituição Federal, para supressão do instituto da separação judicial".

A douta Comissão de Constituição e Justiça e de Cidadania opinou pela admissibilidade das três Propostas de Emenda à Constituição em apreço.

A PEC n. 22-A/99 dispõe que o casamento civil poderá ser dissolvido pelo divórcio, após comprovada separação de fato ou de direito por mais de um ano. Diminui, portanto, o prazo em relação à separação de fato, hoje fixado em dois anos pelo texto constitucional, igualando-o ao previsto para a separação judicial.

De acordo com a justificação, não há diferença entre a separação de fato e a de direito, motivo pelo qual se pretende facilitar a reconstrução de novas famílias, quando demonstrada a inviabilidade da reconciliação.

As duas PECs apensadas dispõem que o casamento civil poderá ser dissolvido pelo divórcio consensual ou litigioso, na forma da lei.

As respectivas justificativas revelam que se trata de sugestão do Instituto Brasileiro de Direito de Família – IBDFAM. Aduzem que não se sustenta mais a sobrevivência do instituto da separação judicial, impondo-se a unificação, no divórcio, de todas as hipóteses de separação dos cônjuges, sejam litigiosas ou consensuais. Tal providência redundaria em menos despesas para o casal, pela desnecessidade de dois processos distintos, além de não mais prolongar sofrimentos desnecessários, preservando a intimidade e a vida privada dos envolvidos.

Em face da aprovação do Requerimento n. 03/07, deste Relator, foram realizadas duas audiências públicas, com a participação de especialistas convidados para subsidiar os trabalhos da Comissão Especial.

No último dia 10 de outubro, foram ouvidos o Dr. RODRIGO DA CUNHA PEREIRA, Presidente do Instituto Brasileiro de Direito de Família – IBDFAM; o Padre JORGE ELDO LIRA ANDRADE e o PADRE JAIRO GRAJALES LIANO, ambos representando o Presidente da

Conferência Nacional dos Bispos do Brasil – CNBB, Dom GERALDO LYRIO ROCHA; e o ex-Deputado Federal Pastor PEDRO RIBEIRO, representando o Presidente do Conselho Nacional dos Pastores do Brasil – CNPB, Deputado Federal Pr. MANOEL FERREIRA.

Na semana seguinte, no dia 17 de outubro, foram ouvidos a Dra. MARIA BERENICE DIAS, Desembargadora do Tribunal de Justiça do Rio Grande do Sul e Vice-Presidente do Instituto Brasileiro de Direito de Família – IBDFAM; o Dr. LÚCIO FLÁVIO JOICHI SUNAKOZAWA, Conselheiro Federal da Ordem dos Advogados do Brasil no Mato Grosso do Sul – OAB/MS, representando Dr. Cezar Britto, Presidente do Conselho Federal da Ordem dos Advogados do Brasil; o Dr. JOSÉ BRITTO DA CUNHA JÚNIOR, Promotor de Justiça – Promotoria de Justiça de Família do Ministério Público do Distrito Federal e Territórios – MPDFT, representando o Dr. Antônio Fernando Barros e Silva de Souza, Procurador-Geral da República, e o Sr. ADISON DO AMARAL, membro do Conselho Diretor do Centro Espírita André Luiz – CEAL e Juiz de Paz Titular.

Escoado o prazo previsto no art. 202, § 3.º, do Regimento Interno, não foram apresentadas emendas às proposições.

É o relatório.

II – VOTO DO RELATOR

Será conveniente iniciar este voto, inclusive como homenagem a esta Comissão Especial e à relevância da matéria ora tratada, com considerações acerca da instituição matrimonial no direito brasileiro, bem como acerca das características da lei brasileira de separação e divórcio.

Para este mister, serão de grande valia as lições do Mestre YUSSEF SAID CAHALI, em sua consagrada obra <u>Divórcio e Separação.</u>**

Aqui, nos primeiros séculos, a Igreja foi titular quase absoluta dos direitos sobre a instituição matrimonial; os princípios do direito canônico representavam a fonte do direito positivo.

Com a proclamação da independência, instaurada a monarquia, nosso direito permaneceu sob influência direta e incisiva da Igreja, em matéria de casamento. Assim, o Decreto de 03.11.1827 estatuía

---

** 11. ed., 2005, Ed. RT, p. 38-42 e 48-50.

a obrigatoriedade das disposições do Concílio de Trento e da Constituição do Arcebispado da Bahia, reconhecida e firmada desse modo a jurisdição eclesiástica nas questões matrimoniais. O casamento, na sua origem, formação e constituição, sobrepairava às normas estatais. Ato em cuja elaboração não intervinha o poder civil, este o recebia perfeito e acabado das mãos da Igreja e apenas lhe marcava os efeitos jurídicos na sociedade temporal.

No Brasil Império, o passo mais avançado no sentido da desvinculação deu-se com o Decreto 1.144, de 11.09.1861 (com seu Regulamento 3.069, de 17.04.1863), que regulou o casamento entre pessoas de seitas dissidentes, celebrado em harmonia com as prescrições da respectiva religião.

Porém, a par da dissolução do casamento pela morte de qualquer dos cônjuges, nulidade ou anulação do matrimônio, admitia-se apenas a separação pessoal, o divórcio *quoad thorum et cohabitationem* do direito canônico.

Posteriormente, várias tentativas visaram a plena secularização do casamento – o que, aliás, transparece nos projetos da codificação civil; mas somente com a República, mercê da laicização do Estado através do Decreto 119-A, de 07.01.1890, veio o instituto a perder o caráter confessional.

E isto aconteceu com o Decreto 181, de 24.01.1890. Na oportunidade, o Min. Campos Sales levara a Deodoro proposta de adoção do divórcio no Brasil. Porém, ante a resistência, a nova lei limitou-se à implantação do casamento civil.

Disciplinada a separação de corpos como *divórcio* na acepção canônica (*divortium quoad thorum et mensam*), as respectivas causas foram indicadas no art. 82 e parágrafos: adultério; sevícia ou injúria grave; abandono voluntário do domicílio conjugal por dois anos contínuos; e mútuo consentimento dos cônjuges, se fossem casados há mais de dois anos.

Em 1893, o Deputado Érico Marinho apresentava no Parlamento a primeira proposição divorcista. Em 1896 e 1899, renovava-se a tentativa na Câmara e no Senado.

Em 1900, Martinho Garcez ofereceu, no Senado, projeto de divórcio vincular. Tendo a combatê-la Ruy Barbosa, a proposição foi repelida.

Relata Clóvis que, na discussão do anterior Código Civil, na Câmara dos Deputados, em 1901, "foi debatida, com solenidade excepcional, a preferência entre o desquite e o divórcio", radicalizada a posição dos parlamentares.

E acabou prevalecendo a orientação ditada pela nossa tradição cristã.

Tal como no direito anterior, permitia-se tão-somente o término da sociedade conjugal por via do desquite, amigável ou judicial; a sentença do desquite apenas autorizava a separação dos cônjuges, pondo termo ao regime de bens, como se o casamento fosse dissolvido, restando, porém, incólume o vínculo matrimonial.

A enumeração taxativa das causas de desquite foi igualmente repetida: adultério, tentativa de morte, sevícia ou injúria grave e abandono voluntário do lar conjugal (art. 317). Foi mantido o desquite por mútuo consentimento (art. 318).

A legislação civil inseriu a palavra *desquite* (que mereceu o apoio de Ruy Barbosa, no parecer do projeto), para identificar aquela simples separação de corpos, descartando a expressão, já não rigorosamente técnica, de divórcio *quoad thorum et mensam*, que o direito canônico criara, em contraposição ao *divortium*, na acepção autêntica que lhe emprestara o direito romano.

Enquanto os demais países que não admitem o divórcio a vínculo consideram a matéria no âmbito do direito comum o Brasil, em posição singular, havia erigido, a partir da Constituição de 1934 (art. 144), a indissolubilidade do vínculo à condição de preceito constitucional.

Repetiu-o a Carta Constitucional de 1937 (art. 124), o mesmo fazendo a Constituição de 1946 (art. 163) e a Constituição de 1967 (art. 167, § 1.º), não alterada neste ponto, exceto na numeração do artigo (art. 175, § 1.º), pela Emenda Constitucional – EC n. 1/69.

Entrementes, ainda na vigência da Constituição de 1946, várias tentativas foram feitas no sentido da introdução do divórcio no Brasil, fosse de modo indireto, através do "divórcio disfarçado" representado pelo acréscimo de uma quinta causa de anulação do casamento por erro essencial, consistente na incompatibilidade invencível entre os cônjuges, com prova de que, após decorridos cinco anos da decretação ou homologação do desquite, o casal não restabelecera a vida conjugal; fosse por via de emenda constitucional visando a suprimir do art. 163 daquela Constituição a expressão "de vínculo indissolúvel", adicionada ao casamento civil.

De acordo com a Carta outorgada pelos chefes militares (EC n. 1/69), qualquer projeto de divórcio somente seria possível com a aprovação de emenda constitucional por dois terços de senadores (44) e de deputados (207).

Apresentou-se, então, a EC n. 5, de 12.03.1975, estabelecendo nova redação ao art. 175, § 1.º, da Constituição de 1969, de modo a permitir a dissolução do vínculo matrimonial após cinco anos de desquite ou sete de separação de fato. Em sessão de 8 de maio de 1975, a emenda obteria maioria de votos (222 contra 149), porém insuficientes para atingir o *quorum* exigido de dois terços.

Sob pretexto de que o Congresso houvera embaraçado a reforma judiciária projetada na linha do "diagnóstico" do STF, o Executivo, com base no Ato Institucional 5, de 13.12.1968, fez expedir o Ato Complementar 102, decretando o recesso parlamentar a partir de 01.04.1977.

Seguiu-se-lhe, em 14.04.1977, a EC n. 8, editada pelo Executivo, que, dentre outras medidas, reduziu o *quorum* a que se referia o art. 48 da Constituição então em vigor para "maioria absoluta dos votos do total de membros do Congresso Nacional".

Suspenso o recesso, reanimaram-se os parlamentares divorcistas, apresentando-se a EC n. 9, cujas perspectivas de êxito pareciam desde logo asseguradas diante da redução do *quorum* constitucional.

Referida Emenda foi aprovada, em primeira sessão, por 219 votos (15. 06. 1977) e, em sessão final, por 226 votos (23.06.1977), sendo promulgada em 28.06.1977, redigida nos seguintes termos: "Art. 1.º O § 1.º do art. 175 da Constituição passa a viger com a seguinte redação: 'Art. 175. (...) § 1.º O casamento somente poderá ser dissolvido nos casos expressos em lei, desde que haja prévia separação judicial por mais de três anos'. Art. 2.º A separação, de que trata o § 1.º do art. 175 da Constituição, poderá ser de fato, devidamente comprovada em juízo, e pelo prazo de cinco anos, se for anterior à data desta Emenda".

Foi rápida a regulamentação do novo instituto. O projeto de que resultou a Lei 6.515, de 26.12.1977, foi apresentado no Senado em 25 de agosto de 1977. Na Comissão de Constituição e Justiça recebeu emenda (substitutivo), aprovada em 21 de setembro. Encerrada a discussão da matéria na sessão de 28 de setembro com a apresentação de emendas de plenário, a Comissão de Constituição e Justiça, em segundo pronunciamento, emitiu parecer modificando parcialmente o substitutivo, com sua aprovação em 5 de outubro. Em primeiro turno, o Senado, na plenária de 11 de outubro, aprovou o substitutivo apresentado pela CCJ em segundo pronunciamento. Fê-lo, igualmente, em segundo turno, na sessão de 13 de outubro, aprovando-o nos termos da Comissão de Redação. Encaminhado o projeto à Câmara dos Deputados, ali foram anexados outros projetos que versavam a mesma matéria, tendo recebido, na Comissão de Constituição e Justiça, substitutivo que alterava substancialmente o projeto originário do Senado, que foi aprovado pelo plenário em sessão de 27 de novembro. Retornando o projeto ao Senado, este, em 03.12.1977, aprovou-o em sua redação definitiva.

Quando da Constituição de 1988, insistiu-se em manter a questão da indissolubilidade do vínculo como sendo matéria constitucional, só que agora às avessas, para estabelecer as condições em que o divórcio poderia ser concedido.

Daí o seu art. 226, § 6.º: "O casamento civil pode ser dissolvido pelo divórcio, após prévia separação judicial por mais de um ano nos casos expressos em lei, ou comprovada separação de fato por mais de dois anos". Tomou-se por empréstimo o lapso temporal vigente na legislação espanhola desde 7 de julho de 1981.

A Lei 7.841, de 17.10.1989, cuidou de adaptar a Lei 6.515/77 quanto ao tempo exigido para o divórcio-conversão e para o divórcio direto, mas igualmente revogou o art. 38 da Lei do Divórcio, eliminando a restrição à possibilidade de divórcios sucessivos.

Com o novo Código Civil, diante do alarde festivo de sua elaboração, esperava-se que a sociedade fosse brindada com uma disciplina ordenada e inovadora da dissolução da sociedade conjugal, o que acabou não ocorrendo em razão de fatores conhecidos: clonado o projeto primitivo no projeto Orlando Gomes, que por sua vez estava atrelado ao velho Código, sem maior empolgação do mundo jurídico, na sua dormência de várias décadas, foi atropelado por profundas reformas no âmbito constitucional e legal, induzindo os seus autores a uma desordenada tentativa de colocar o seu texto em consonância com o novo direito de família, que, na realidade, de muito já o havia superado. Daí a gama de emendas por que passou, nem sempre ditadas pelo bom senso, e as novas emendas ao seu texto, apresentadas de imediato à sua aprovação.

Para possibilitar a introdução do divórcio em nosso direito, os legisladores pátrios, ao contrário do que seria razoável e acontece com outras legislações, não optaram pela técnica mais simples, que seria a revogação da ressalva final contida no § 1.º do art. 175 da Constituição de 1969. Assim, com a revogação do princípio constitucional da indissolubilidade do vínculo, restaria à lei ordinária a disciplina plena dos casos em que a dissolução do casamento seria admissível.

Buscou-se, em verdade, uma *solução de compromisso*, no sentido de estabelecer, na própria Constituição, os parâmetros a serem observados na regulamentação do divórcio pelo legislador ordinário, no que diz respeito às condições limitadoras de sua admissibilidade.

Definitivamente implantado o divórcio entre nós, sem o menor resquício de repulsa dos vários segmentos da sociedade civil ou religiosa no último decênio, teria sido mais acertado que os constituintes, deixando simplesmente de assegurar a indissolubilidade do vínculo, reservassem a integral disciplina do instituto para a lei ordinária.

Por outro lado, sem qualquer justificação revelada – senão por influência do direito alienígena que nos serviu de modelo –, proscreveu-se definitivamente a terminologia consagrada entre nós para a designação da separação pessoal dos cônjuges, tradicionalmente identificada pela expressão "desquite", substituindo-a, sem uma correspondência precisa, pela "separação judicial", quando é certo que nosso ordenamento civil reconhece outras modalidades de separação judicial que não se resolvem na dissolução da sociedade conjugal.

De toda sorte, com a emenda Constitucional n. 09, de 1977, admitindo a dissolução do vínculo matrimonial, o Brasil ingressou no rol dos países divorcistas, rompendo assim com uma tradição de vários séculos.

Anteriormente, nosso direito só admitia o chamado divórcio a *thoro et mensa*, o divórcio do direito canônico (Decreto 181, de 1890), sob a nomenclatura de desquite – sistema do Código Civil de 1916 – e correspondendo à separação pessoal ou de corpos do direito alienígena, ou à separação judicial do nosso atual direito.

Os dois institutos têm de comum o fato de porem termo à sociedade conjugal (art. 1.571 do atual CC).

Do mesmo modo, divórcio e separação judicial não podem resultar senão de uma sentença, por causas determinadas na lei: estamos aqui diante do chamado processo necessário, em que a desconstituição do vínculo matrimonial ou a dissolução da sociedade conjugal só pode ser obtida através da intervenção do órgão judiciário.

A distinção entre os dois institutos, contudo, é elementar: o divórcio, como ruptura de um matrimônio válido em vida dos cônjuges, "põe termo ao casamento e aos efeitos civis do matrimônio religioso" (art. 24 da Lei 6.515/77), ainda que não repetida essa disposição no novo CC), ensejando àqueles a convolação de novas núpcias.

Enquanto isso, a separação judicial é apenas o estado de dois cônjuges que são dispensados pela justiça dos deveres de coabitação e fidelidade recíproca (art. 1.576 do CC). Difere assim do divórcio, pois apenas relaxa os liames do matrimônio, mas sem provocar o rompimento do vínculo conjugal.

Conhecem essa dupla forma de extinção da sociedade conjugal – uma de caráter definitivo e irreversível, representada pelo divórcio, que também rompe o vínculo matrimonial, e outra de caráter temporário, representada pela separação de pessoas e bens – os sistemas jurídicos da Argentina, da Alemanha, da Bélgica, da França, da Guatemala, da Holanda, da Itália, de Portugal, do Uruguai.

Integrados agora os dois institutos no sistema da lei, nosso direito imprime-lhes, contudo, tratamento peculiar quanto às respectivas possibilidades.

É que, em linha de princípio, os cônjuges não desfrutavam de opção entre a simples separação judicial e o divórcio desde logo.

À diferença do direito alienígena, em que as duas forma de dissolução da sociedade conjugal são apresentadas com caráter de alternância ou de sucessividade, no sistema originário da Emenda Constitucional n. 9/77 e da Lei 6.515 a regra era a sucessividade das pretensões, sem o caráter de pretensões alternativas.

Assim, a teor da Emenda Constitucional n. 9/77, "o casamento somente poderá ser dissolvido (...) desde que haja prévia separação judicial por mais de três anos". Assim, em regra, não se daria ação direta de dissolução do vínculo matrimonial, colocada a separação judicial como o prelúdio necessário do divórcio; este encontrava naquela a sua condição *sine qua non*, aliada ao decurso do tempo, conforme art. 25 da Lei 6.515/77.

A possibilidade de ação direta de divórcio tinha caráter excepcional, exclusivamente nas condições do art. 2.º da citada Emenda Constitucional n. 9: "No caso de separação de fato, com início anterior a 28 de junho de 1977, e desde que completados cinco anos, poderá ser promovida ação de divórcio, na qual se deverão provar o decurso do tempo da separação e a sua causa".

Com a Constituição de 1988, o sistema do direito brasileiro de divórcio sofreu uma radical transformação, ao dispor seu art. 226, § 6.º, que "o casamento civil pode ser dissolvido pelo divórcio, após prévia separação judicial por mais de um ano nos casos expressos em lei, ou comprovada separação de fato por mais de dois anos". Isso é explicitado no art. 1.580 do novo Código Civil: "Decorrido um ano do trânsito em julgado da sentença que houver decretado a separação judicial, ou da decisão concessiva da medida cautelar de separação de corpos, qualquer das partes poderá requerer sua conversão em divórcio. (...) § 2.º O divórcio poderá ser requerido, por um ou por ambos os cônjuges, no caso de comprovada separação de fato por mais de dois anos".

Algumas ilações se permite sejam extraídas no atual sistema jurídico:

1) o divórcio conversão deixou de ser a regra, como também não mais se qualifica o divórcio direto como extraordinário;

2) verificados os pressupostos apenas da separação judicial, os cônjuges se legitimam para a respectiva ação; facultando-se-lhes converter, posteriormente, após o decurso do prazo ânuo, a separação judicial em divórcio;

3) presentes, porém os pressupostos expressos no Código Civil para a separação judicial, mas também presente o pressuposto único para o divórcio direto ("separação de fato por mais de dois anos"), permite-se a pretensão alternativa, em nível de acordo, de ação ou de reconvenção;

4) como no caso de comprovada separação de fato por mais de dois anos, qualquer cônjuge poderá requerer o divórcio diretamente (art. 1.580, § 2.º, do Código Civil), e desde que essa prolongada separação consubstancie um fato que torna evidente a impossibilidade da vida em comum, os cônjuges estarão legitimados para a ação judicial sem causa culposa (art. 1.573, parágrafo único, do Código Civil), convertendo depois a separação em divórcios após o decurso do prazo ânuo; ou – o que é mais relevante – poderão postular o divórcio direto desde logo, desde que comprovado o biênio da separação de fato, estivessem ou não separados judicialmente, possibilidade, aliás, perfeitamente admissível. Tenha-se em conta, porém, que estes circunlóquios, que desfrutavam

de algum interesse prático no direito anterior, quanto à prévia partilha dos bens ou ao cumprimento das obrigações assumidas na separação, então postos como condição da conversão, são despiciendos em face da atual disciplina do instituto.

Como corolário do sistema jurídico vigente, constata-se que o instituto da separação judicial perdeu muito da sua relevância, pois deixou de ser a antecâmara, o prelúdio necessário para a sua conversão em divórcio; a opção pelo divórcio direto possível revela-se natural para os cônjuges desavindos, inclusive sob o aspecto econômico, na medida em que lhes resolve em definitivo a sociedade e o vínculo conjugal.

De pronto, assim, pode-se concluir que a proposição principal ora sob apreciação, qual seja, a PEC n. 22A/99, tem o grande mérito de evidenciar a crise do instituto da separação judicial, mas é tímida quanto à solução proposta.

Com efeito, se é verdade que não se sustenta a diferenciação, quanto aos prazos, entre a separação judicial e a separação de fato, tendo em vista a obtenção do divórcio, é verdade ainda mais cristalina que o próprio instituto da separação não se sustenta mais no ordenamento jurídico pátrio.

De fato, deve-se ter em mente que o antigo desquite, hoje separação judicial, foi mantido no direito brasileiro em virtude um arranjo político, em conseqüência do qual foi possível a adoção do divórcio entre nós. Tratou-se de uma fórmula que agradasse àqueles frontalmente contrários à dissolução do vínculo matrimonial, e que, portanto, contentavam-se com a possibilidade de por termo, apenas e tão somente, à sociedade conjugal.

Hoje, contudo, resta claro que a necessidade da separação dos cônjuges, seja judicial ou de fato, como pressuposto para o divórcio, apenas protrai a solução definitiva de um casamento malsucedido.

Deve-se sublinhar que a necessidade de dois processos judiciais distintos apenas redunda em gastos maiores e também em maiores dissabores para os envolvidos, obrigados que se vêem a conviver por mais tempo com o assunto penoso da separação – penoso, inclusive, para toda a família, principalmente para os filhos.

Não menos importante é a constatação prática de que apenas uma parcela realmente ínfima das separações reverte para a reconciliação do casal.

Como observou o Dr. Rodrigo da Cunha Pereira, ilustre representante do Instituto Brasileiro de Direito de Família – IBDFAM, durante sua exposição perante esta Comissão Especial, estamos completando trinta anos, desde a adoção da lei do divórcio entre nós, e deve existir um limite da intervenção do Estado na vida privada das pessoas, inclusive no que tange à decisão dos cônjuges no sentido de não mais permanecerem casados. Não deve haver discussões, em juízo, sobre a responsabilidade – culpa – pela falência do matrimônio. Segundo o Dr. Rodrigo, a lei não deve autorizar a busca de um culpado pela separação.

Outro representante da advocacia, o expositor Lúcio Flávio Joichi Sunakozawa, falando em nome do presidente do Conselho Federal da Ordem dos Advogados do Brasil, também externou sua posição favorável pelo fim do instituto da separação judicial.

No mesmo sentido, uma das maiores expoentes do Direito de Família em nosso país, a nobre Desembargadora do Tribunal de Justiça do Rio Grande do Sul, Dra. Maria Berenice Dias, asseverou que o divórcio não tem o condão de colocar em risco a instituição da família, mas, ao contrário, estimula a criação de novas famílias, visto que os divorciados reúnem condições jurídicas para convolar novas núpcias. Aduziu, mais, a nobre Desembargadora, que não deve haver prazos constitucional ou legalmente estabelecidos para a obtenção do divórcio, visto que isto representa uma afronta ao princípio da liberdade, previsto na Lei Maior. Sobre a separação de fato, anotou S. Exa. que não é incomum os cônjuges forjarem a comprovação testemunhal do lapso bianual, e que, por isso, a lei estaria chancelando a hipocrisia e a mentira. Também não deveriam ser postas em juízo alegações sobre a culpa pela separação, sob pena de se afrontar outro princípio constitucional, que é o princípio da privacidade. Deve-se respeitar a liberdade das pessoas, e, ao mesmo tempo, desafogar o Poder Judiciário. Deixou consignado, ainda, a nobre expositora, que o divórcio não é causa da separação, mas o remédio. Finalmente, observou que dificultar a obtenção do divórcio afronta, igualmente, a facilitação da conversão da união estável em casamento, prevista pela Constituição Federal, porquanto as pessoas que se encontram apenas separadas não podem se casar.

O não menos ilustre representante do Ministério Público, Dr. José Brito da Cunha Júnior, em nome do Procurador-Geral da República, defendeu que o processo de separação judicial vai ao encontro à celeridade processual e à economia de gastos públicos.

Para esta relatoria, salta aos olhos que os representantes da Advocacia, do Poder Judiciário e do Ministério Público foram unânimes em afirmar que o instituto da separação judicial deve ser suprimido do direito brasileiro.

Cabe, agora, aos representantes do povo, ao Poder Legislativo, tornar a legislação brasileira sobre direito de família consentânea com a realidade de seu tempo, avançando no caminho da abolição do instituto da separação entre nós.

Não prospera o argumento de que o fim do instituto da separação implicará no enfraquecimento da família, a qual, segundo a Constituição, é a base da sociedade, tendo especial proteção do Estado.

JOSÉ CRETELLA JÚNIOR, em sua obra *Comentários à Constituição Brasileira de 1988*,*** delineia o assunto com muita precisão:

"As regras jurídicas constitucionais protegem a entidade familiar como instituição. Esta a natureza da família. Não existe, contudo, família, somente onde houve casamento, base daquela. Poderia pensar-se que só existiria família onde tivesse havido casamento indissolúvel. A verdade é que o Estado, tanto em 1934, como em 1937, 1946, 1967 e 1969, protege a família como instituição. Ora, se a proteção constitucional incidisse apenas sobre a família oriunda de casamento indissolúvel, então, de 1934 a 1969, o legislador não pretendeu proteger a família, como instituição, mas somente a família formada por casamento indissolúvel, e, neste caso, todos os brasileiros – porque nasceram no Brasil e aqui foram registrados, em nossos cartórios de registros – oriundos de casais italianos, portugueses, franceses, húngaros não seriam protegidos pelo Estado brasileiro. O problema desapareceu com o advento da Constituição de 5 de outubro de 1988, já que o casamento civil pode ser dissolvido pelo divórcio."

Cabe, neste passo, uma observação no que concerne à técnica legislativa.

***   Vol. VIII, 2. ed., 1993, Forense Universitária, p. 4530.

A emenda constitucional a ser aprovada deve ater-se à enunciação do princípio de que *"o casamento civil pode ser dissolvido pelo divórcio, na forma da lei".*

Todo o arcabouço legal do instituto do divórcio, por sua vez, deverá ser disciplinado pela legislação infraconstitucional, inclusive no que se refere a questões como divórcio consensual e litigioso, e divórcio judicial e extrajudicial.

A Constituição de 1988 foi bastante criticada em virtude de ser excessivamente detalhista, o que pode – e deve – ser agora evitado. Veja-se, a respeito, a lição do respeitado constitucionalista LUÍS ROBERTO BARROSO,**** no seu *O direito constitucional e a efetividade de suas normas*:

"Na acidentada trajetória institucional do Estado brasileiro, o elevado número de Constituições – que conduz à média de uma a cada vinte anos – não diluiu sequer a quantidade de emendas e de remendos, de boa e má inspiração, que buscaram adaptá-las a um figurino cada vez mais disforme (...). Como proposta para assegurar maior estabilidade às Cartas constitucionais, ressurge, de tempos em tempos, a idéia de um texto sintético, com poucas disposições, concentradas basicamente na organização do Estado e na definição da competência dos poderes públicos."

A par disso, a disciplina do instituto do divórcio pela lei ordinária tornará mais ágil eventuais correções de rumo que se revelem necessárias com o passar do tempo, porquanto as mesmas poderão ser empreendidas pela via do projeto de lei, afastada a necessidade de novas alterações ao texto da própria Carta Política.

À luz de todo o exposto, o voto é pela rejeição da PEC n. 22-A, de 1999, e pela aprovação da PEC n. 413-A, de 2005, e da PEC n. 33-A, de 2007, ambas na forma do substitutivo oferecido em anexo ao presente parecer.

Sala da Comissão, em 06 de novembro de 2007.

Deputado JOSEPH BANDEIRA, Relator

**** 2. ed., 1993, Renovar, p. 41-43.

COMISSÃO ESPECIAL DESTINADA A PROFERIR PARECER À PROPOSTA DE EMENDA À CONSTITUIÇÃO N. 22-A, DE 1999, DO SENHOR ENIO BACCI, QUE "AUTORIZA O DIVÓRCIO APÓS 1 (UM) ANO DE SEPARAÇÃO DE FATO OU DE DIREITO E DÁ OUTRAS PROVIDÊNCIAS", ALTERANDO O DISPOSTO NO ARTIGO 226, § 6.º, DA CONSTITUIÇÃO FEDERAL.

SUBSTITUTIVO À PROPOSTA DE EMENDA À CONSTITUIÇÃO N. 413-A, DE 2005, E À PROPOSTA DE EMENDA À CONSTITUIÇÃO N. 33-A, DE 2007.

Dá nova redação ao § 6.º do art. 226 da Constituição Federal, que dispõe sobre a dissolubilidade do casamento civil pelo divórcio, suprimindo o requisito de prévia separação judicial por mais de um ano ou de comprovada separação de fato por mais de dois anos.

As Mesas da Câmara dos Deputados e do Senado Federal, nos termos do art. 60 da Constituição Federal, promulgam a seguinte emenda ao texto constitucional:

Art. 1.º O § 6.º do art. 226 da Constituição Federal passa a vigorar com a seguinte redação:

"Art. 226. ....

....

§ 6.º O casamento civil pode ser dissolvido pelo divórcio, na forma da lei.

....

§ 8.º .... (NR)."

Art. 2.º Esta Emenda Constitucional entra em vigor na data de sua publicação.

Sala da Comissão, em 06 de novembro de 2007.

Deputado JOSEPH BANDEIRA
Relator

3. ALTERAÇÕES NA LEGISLAÇÃO INFRACONSTITUCIONAL

▸ A mudança constitucional implica na automática derrogação de tudo o que lhe confronta. No entanto, mister a adequação da legislação infraconstitucional, até para evitar que os conservadores de plantão sustentem que, enquanto não for alterada a lei ordinária, a reforma é inconstitucional e não deve ser implantada.

▸ Daí as sugestão e observações que seguem, sinalizando o que necessita excluído ou alterado no âmbito legislativo.

3.1 LEI DE INTRODUÇÃO ÀS NORMAS DO DIREITO BRASILEIRO DECRETO-LEI 4.657, de 1942, ALTERADO PELA LEI N. 12.376, de 2010

Art. 7.º ...

§ 6.º O divórcio realizado no estrangeiro, se um ou ambos os cônjuges forem brasileiros, <u>só</u> será reconhecido no Brasil <u>depois de 1 (um) ano da data da sentença, salvo se houver sido antecedida de separação judicial por igual prazo, caso em que</u> a homologação produzirá efeito imediato, obedecidas as condições estabelecidas para a eficácia das sentenças estrangeiras no país. O Superior Tribunal de Justiça, na forma de seu regimento interno, poderá reexaminar, a requerimento do interessado, decisões já proferidas em pedidos de homologação de sentenças estrangeiras de divórcio de brasileiros, a fim de que passem a produzir todos os efeitos legais.

▸ Com o fim do prazo para a concessão do divórcio, mister também eliminar as referências temporais para a homologação dos divórcios realizados no estrangeiro, excluindo-se do texto as referências grifadas.

3.2 CÓDIGO CIVIL

Art. 10. Far-se-á averbação em registro público:

I – das sentenças que decretarem a nulidade ou anulação do casamento, o divórcio, a separação judicial e o restabelecimento da sociedade conjugal;

> Dispensável a referência à separação judicial e à reconciliação, eis que são institutos que não mais existem. Mas persiste a possibilidade de a reconciliação ser averbada com referência a quem se encontrava separado judicialmente quando da mudança constitucional.

Art. 25. O cônjuge do ausente, sempre que não esteja separado judicialmente, ou de fato por mais de dois anos antes da declaração da ausência, será o seu legítimo curador.

> Além de excluir a referência à separação judicial, mister afastar a possibilidade de o cônjuge separado de fato ser nomeado curador do ausente. De todo injustificável que, pelo período de dois anos depois da separação de fato, permaneça o ex-cônjuge a ser nomeado curador do ausente.

Art. 27. Para o efeito previsto no artigo anterior, somente se consideram interessados:

I – o cônjuge não separado judicialmente;

> Apesar de a separação de fato romper os deveres matrimonias, não há como excluir de um dos cônjuges a possibilidade de requerer a declaração da ausência e a abertura provisória da sucessão se o outro desapareceu. Isso porque há a possibilidade de haver questões de ordem patrimonial a serem solvidas. Mas só pode ser nomeado curador se estiver na posse dos bens comuns.

Art. 792. Na falta de indicação da pessoa ou beneficiário, ou se por qualquer motivo não prevalecer a que for feita, o capital segurado será pago por metade ao cônjuge <u>não separado judicialmente</u>, e o restante aos herdeiros do segurado, obedecida a ordem da vocação hereditária.

> ▸ Em face da referência à separação judicial, permite a lei a concessão do benefício ao cônjuge separado de fato. Esta possibilidade, porém, não mais se justifica. Afinal, a separação de fato rompe a sociedade conjugal. Assim, mister excluir a expressão grifada.

Art. 793. É válida a instituição do companheiro como beneficiário, se ao tempo do contrato o segurado era separado judicialmente, ou já se encontrava separado de fato.

> ▸ A norma não precisa de qualquer reparo, pois persiste o instituto de separação a quem se separou antes da Emenda Constitucional.

Art. 980. A sentença que decretar ou homologar <u>a separação judicial</u> do empresário <u>e o ato de reconciliação</u> não podem ser opostos a terceiros, antes de arquivados e averbados no Registro Público de Empresas Mercantis.

> ▸ Com o fim da separação judicial e da reconciliação, impositivo excluir tais referências. Porém, a quem estava separado judicialmente persiste a possibilidade da averbação da reconciliação.

Art. 1.561. Embora anulável ou mesmo nulo, se contraído de boa-fé por ambos os cônjuges, o casamento, em relação a estes como aos filhos, produz todos os efeitos até o dia da sentença anulatória.

§ 1.º Se um dos cônjuges estava de boa-fé ao celebrar o casamento, os seus efeitos civis só a ele e aos filhos aproveitarão.

§ 2.º Se ambos os cônjuges estavam de má-fé ao celebrar o casamento, os seus efeitos civis só aos filhos aproveitarão.

> ▸ O dispositivo legal permanece inalterado, pois o fim da culpa na separação não excluiu a perquirição da boa-fé em sede de anulação do casamento.

Art. 1.562. Antes de mover a ação de nulidade do casamento, a de anulação, a de separação judicial, a de divórcio direto ou a de dissolução de união estável, poderá requerer a parte, comprovando sua necessidade, a separação de corpos, que será concedida pelo juiz com a possível brevidade.

> ▸ Com o fim da separação judicial, impositivo excluir a referência.

Art. 1.564. Quando o casamento for anulado por culpa de um dos cônjuges, este incorrerá:

I – na perda de todas as vantagens havidas do cônjuge inocente;

II – na obrigação de cumprir as promessas que lhe fez no contrato antenupcial.

> ▸ O dispositivo legal permanece inalterado, pois o fim da culpa na separação não excluiu a perquirição da boa-fé em sede de anulação do casamento.

Art. 1.566. São deveres de ambos os cônjuges:

I – fidelidade recíproca;

II – vida em comum, no domicílio conjugal;

III – mútua assistência;

IV – sustento, guarda e educação dos filhos;

V – respeito e consideração mútuos.

> ▸ Mesmo com o fim da imputação de culpa por descumprimento dos deveres conjugais como causa para a separação, nem por isso desaparecem as obrigações recíprocas do casamento.

CAPÍTULO X
DA DISSOLUÇÃO DA SOCIEDADE E DO VÍNCULO CONJUGAL

Art. 1.571. A sociedade conjugal termina:

I – pela morte de um dos cônjuges;

II – pela nulidade ou anulação do casamento;

III – pela separação judicial;

IV – pelo divórcio.

§ 1.º O casamento válido só se dissolve pela morte de um dos cônjuges ou pelo divórcio, aplicando-se a presunção estabelecida neste Código quanto ao ausente.

> ▸ Finda a distinção entre término da sociedade conjugal e dissolução do vínculo matrimonial, melhor é falar em dissolução do casamento. A única possibilidade de término da sociedade conjugal é a separação de fato e a separação de corpos. Assim, o melhor é enxugar o artigo, prevendo exclusivamente que a sociedade conjugal termina pela separação de fato e pela separação de corpos.

§ 2.º Dissolvido o casamento pelo divórcio direto ou por conversão, o cônjuge poderá manter o nome de casado; salvo, no segundo caso, dispondo em contrário a sentença de separação judicial.

> ▸ Com o fim da culpa perde o "titular" do nome o direito de insurgir-se com a sua manutenção pelo cônjuge que o adotou quando do casamento.

Art. 1.572. Qualquer dos cônjuges poderá propor a ação de separação judicial, imputando ao outro qualquer ato que importe grave violação dos deveres do casamento e torne insuportável a vida em comum.

§ 1.º A separação judicial pode também ser pedida se um dos cônjuges provar ruptura da vida em comum há mais de um ano e a impossibilidade de sua reconstituição.

§ 2.º O cônjuge pode ainda pedir a separação judicial quando o outro estiver acometido de doença mental grave, manifestada após o casamento, que torne impossível a continuação da vida em comum, desde que, após uma duração de dois anos, a enfermidade tenha sido reconhecida de cura improvável.

§ 3.º No caso do § 2.º, reverterão ao cônjuge enfermo, que não houver pedido a separação judicial, os remanescentes dos bens que levou para o casamento, e se o regime dos bens adotado o permitir, a meação dos adquiridos na constância da sociedade conjugal.

Art. 1.573. Podem caracterizar a impossibilidade da comunhão de vida a ocorrência de algum dos seguintes motivos:
 I – adultério;
 II – tentativa de morte;
 III – sevícia ou injúria grave;
 IV – abandono voluntário do lar conjugal, durante um ano contínuo;
 V – condenação por crime infamante;
 VI – conduta desonrosa.
 Parágrafo único. O juiz poderá considerar outros fatos que tornem evidente a impossibilidade da vida em comum.

Art. 1.574. Dar-se-á a separação judicial por mútuo consentimento dos cônjuges se forem casados por mais de um ano e o manifestarem perante o juiz, sendo por ele devidamente homologada a convenção.

> ▸ Nada justifica sejam mantidos tais dispositivos na lei civil, que tratam da separação.

Parágrafo único. O juiz pode recusar a homologação e não decretar a separação judicial se apurar que a convenção não preserva suficientemente os interesses dos filhos ou de um dos cônjuges.

> ▸ Com o fim da separação também desaparece a cláusula de dureza, que não persiste para o divórcio, quer consensual, quer litigioso.

Art. 1.575. A sentença de separação judicial importa a separação de corpos e a partilha de bens.

> ▸ É a separação de fato que leva à separação de corpos e à partilha de bens.

Art. 1.576. A separação judicial põe termo aos deveres de coabitação e fidelidade recíproca e ao regime de bens.

> ▸ Mais do que pacificado que é a separação de fato que gera estes efeitos.

Art. 1.577. Seja qual for a causa da separação judicial e o modo como esta se faça, é lícito aos cônjuges restabelecer, a todo tempo, a sociedade conjugal, por ato regular em juízo.

Parágrafo único. A reconciliação em nada prejudicará o direito de terceiros, adquirido antes e durante o estado de separado, seja qual for o regime de bens.

> ▸ Com o fim do casamento acaba a possibilidade da reconciliação, que só subsiste para quem se encontrava separado judicialmente quando da entrada em vigor da EC 66/10. O bom era deixar claro que, durante o período da separação de fato, de corpos ou judicial, o regime é da separação de bens, a não ser que os cônjuges deliberem diferentemente.
>
> ▸ Também nada justifica que o restabelecimento possa ser feito em juízo, devendo ser utilizada a via extrajudicial.

Art. 1.578. O cônjuge declarado culpado na ação de separação judicial perde o direito de usar o sobrenome do outro, desde que expressamente requerido pelo cônjuge inocente e se a alteração não acarretar:

I – evidente prejuízo para a sua identificação;

II – manifesta distinção entre o seu nome de família e o dos filhos havidos da união dissolvida;

III – dano grave reconhecido na decisão judicial.

§ 1.º O cônjuge inocente na ação de separação judicial poderá renunciar, a qualquer momento, ao direito de usar o sobrenome do outro.

§ 2.º Nos demais casos caberá a opção pela conservação do nome de casado.

> ▸ Acabou a possibilidade de ser excluído o nome de quem, ao casar, adotou o sobrenome do outro. Não mais tem o seu titular qualquer ingerência na escolha. Respeita-se exclusivamente a vontade do cônjuge de voltar ao nome de solteiro ou continuar usando o nome de casado.

Art. 1.580. Decorrido um ano do trânsito em julgado da sentença que houver decretado a separação judicial, ou da decisão concessiva da medida cautelar de separação de corpos, qualquer das partes poderá requerer sua conversão em divórcio.

§ 1.º A conversão em divórcio da separação judicial dos cônjuges será decretada por sentença, da qual não constará referência à causa que a determinou.

> ▸ Não há mais prazo para a concessão do divórcio nem há a possibilidade de conversão.

§ 2.º O divórcio poderá ser requerido, por um ou por ambos os cônjuges, <u>no caso de comprovada separação de fato por mais de dois anos.</u>

> ▸ Mesmo com o fim do prazo para a concessão do divórcio permanece a possibilidade de ser requerido de forma consensual ou litigiosa.

Art. 1.581. O divórcio pode ser concedido sem que haja prévia partilha de bens.

Art. 1.582. O pedido de divórcio somente competirá aos cônjuges.

Parágrafo único. Se o cônjuge for incapaz para propor a ação ou defender-se, poderá fazê-lo o curador, o ascendente ou o irmão.

> ▸ Os dispositivos permanecem inalterados.

Art. 1.583. A guarda será unilateral ou compartilhada.

Art. 1.584. A guarda, unilateral ou compartilhada, poderá ser:

I – requerida, por consenso, pelo pai e pela mãe, ou por qualquer deles, em ação autônoma <u>de separação</u>, de divórcio, de dissolução de união estável ou em medida cautelar;

> ▸ Mister excluir a referência.

Art. 1.597. Presumem-se concebidos na constância do casamento os filhos:

I – nascidos cento e oitenta dias, pelo menos, depois de estabelecida a convivência conjugal;

II – nascidos nos trezentos dias subsequentes à dissolução da sociedade conjugal, por morte, <u>separação judicial, nulidade e anulação do casamento;</u>

> Não é nem nunca foi a separação ou a anulação do casamento o marco para a cessação da inútil presunção. O que merece ser considerado é somente a separação de fato.

Art. 1.632. A separação judicial, o divórcio e a dissolução da união estável não alteram as relações entre pais e filhos senão quanto ao direito, que aos primeiros cabe, de terem em sua companhia os segundos.

> Necessário excluir a referência.

Art. 1.683. Na dissolução do regime de bens por separação judicial ou por divórcio, verificar-se-á o montante dos aquestos à data em que cessou a convivência.

> Necessário excluir a referência.

Art. 1.694. Podem os parentes, os cônjuges ou companheiros pedir uns aos outros os alimentos de que necessitem para viver de modo compatível com a sua condição social, inclusive para atender às necessidades de sua educação.

§ 2.º Os alimentos serão apenas os indispensáveis à subsistência, quando a situação de necessidade resultar de culpa de quem os pleiteia.

> Com o fim da culpa pela separação, desaparece também a possibilidade de perquirir culpas em sede de alimentos.

Art. 1.702. Na separação judicial litigiosa, sendo um dos cônjuges inocente e desprovido de recursos, prestar-lhe-á o outro a pensão alimentícia que o juiz fixar, obedecidos os critérios estabelecidos no art. 1.694.

> O dispositivo tornou-se desnecessário, pois permanece a obrigação alimentar que tem por parâmetro o binômio possibildiade-necessidade. No máximo caberia dizer que no divórcio, sendo um dos cônjuges desprovido de recursos, prestar-lhe-á o outro pensão alimentícia.

Art. 1.704. Se um dos cônjuges separados judicialmente vier a necessitar de alimentos, será o outro obrigado a prestá-los mediante pensão a ser fixada pelo juiz, caso não tenha sido declarado culpado na ação de separação judicial.

Parágrafo único. Se o cônjuge declarado culpado vier a necessitar de alimentos, e não tiver parentes em condições de prestá-los, nem aptidão para o trabalho, o outro cônjuge será obrigado a assegurá-los, fixando o juiz o valor indispensável à sobrevivência.

> ▸ Este odioso dispositivo restou completamente revogado.

Art. 1.775. O cônjuge ou companheiro, não separado judicialmente ou de fato, é, de direito, curador do outro, quando interdito.

> ▸ A possibilidade da nomeação da curatela só pode ser assegurada ao cônjuge na constância do casamento.

Art. 1.801. Não podem ser nomeados herdeiros nem legatários:
III – o concubino do testador casado, salvo se este, sem culpa sua, estiver separado de fato do cônjuge há mais de cinco anos;

> ▸ A referência só pode ser às uniões paralelas, que existem exclusivamente na constância do casamento. Assim, a separação de fato não mais permite falar em concubinato.

Art. 1.830. Somente é reconhecido direito sucessório ao cônjuge sobrevivente se, ao tempo da morte do outro, não estavam separados judicialmente, nem separados de fato há mais de 2 (dois) anos, salvo prova, neste caso, de que essa convivência se tornara impossível sem culpa do sobrevivente.

> ▸ É a separação de fato que rompe o casamento, não mais cabendo falar em separação de direito.

3.3 CÓDIGO DE PROCESSO CIVIL

Art. 100. É competente o foro:
I – da residência da mulher, para a ação de separação dos cônjuges e a conversão desta em divórcio, e para a anulação de casamento;

Art. 155. Os atos processuais são públicos. Correm, todavia, em segredo de justiça os processos:

I – em que o exigir o interesse público;

II – que dizem respeito a casamento, filiação, <u>separação dos cônjuges, conversão desta em</u> divórcio, alimentos e guarda de menores.

Parágrafo único. O direito de consultar os autos e de pedir certidões de seus atos é restrito às partes e a seus procuradores. O terceiro, que demonstrar interesse jurídico, pode requerer ao juiz certidão do dispositivo da sentença, bem como de inventário e partilha resultante do <u>desquite</u>.

Art. 822. O juiz, a requerimento da parte, pode decretar o sequestro:

III – dos bens do casal, nas ações de <u>desquite</u> e de anulação de casamento, se o cônjuge os estiver dilapidando;

Art. 852. É lícito pedir alimentos provisionais:

I – nas ações de <u>desquite</u> e de anulação de casamento, desde que estejam separados os cônjuges;

Seção XV
De Outras Medidas Provisionais

Art. 888. O juiz poderá ordenar ou autorizar, na pendência da ação principal ou antes de sua propositura:

III – a posse provisória dos filhos, nos casos de <u>separação judicial</u> ou anulação de casamento;

CAPÍTULO III
DA SEPARAÇÃO CONSENSUAL

> ▶ Deve o capítulo prever somente o divórcio consensual, a ter cabimento exclusivamente na hipótese de existirem filhos menores ou incapazes. De todo injustificável facultar o uso da via judicial para finalidades meramente homologatórias.

Art. 1.120. <u>A separação</u> consensual será requerida em petição assinada por ambos os cônjuges.

> ▶ Mister substituir a palavra por divórcio e acrescentar: quando houver filhos menores ou incapazes.

Art. 1.121. A petição, instruída com a certidão de casamento e o contrato antenupcial se houver, conterá:
I – a <u>descrição dos bens do casal e a respectiva partilha</u>;

> Não mais é necessária a partilha no divórcio (CC 1.580), não havendo necessidade de os bens ser arrolados.

IV – a pensão alimentícia <u>do marido à mulher</u>, se esta não possuir bens suficientes para se manter.

> A obrigação alimentar não é devida somente à mulher.

§ 1.º Se os cônjuges não acordarem sobre a partilha dos bens, far-se-á esta, depois de homologada <u>a separação</u> consensual, na forma estabelecida neste Livro, Título I, Capítulo IX.

> Mister substituir a palavra por divórcio.

Art. 1.122. Apresentada a petição ao juiz, este verificará se ela preenche os requisitos exigidos nos dois artigos antecedentes; em seguida, ouvirá os cônjuges sobre <u>os motivos da separação consensual, esclarecendo-lhes as consequências da manifestação de vontade.</u>

> Limitada a via judicial à hipótese de haver filhos menores ou incapazes. E mais: sobre o interesse dos mesmos é que cabe serem questionadas as partes, sendo de todo descabida a inquirição sobre os motivos da dissolução do casamento.

§ 1.º Convencendo-se o juiz de que ambos, livremente e sem hesitações, desejam a separação consensual, mandará reduzir a termo as declarações e, depois de ouvir o Ministério Público no prazo de 5 (cinco) dias, o homologará<u>; em caso contrário, marcar-lhes-á dia e hora, com 15 (quinze) a 30 (trinta) dias de intervalo, para que voltem a fim de ratificar o pedido de separação consensual.</u>

<u>§ 2.º Se qualquer dos cônjuges não comparecer à audiência designada ou não ratificar o pedido, o juiz mandará autuar a petição e documentos e arquivar o processo.</u>

▸ De todo descabido manter a audiência de ratificação.

Art. 1.123. É lícito às partes, a qualquer tempo, no curso da separação judicial, lhe requererem a conversão em separação consensual; caso em que será observado o disposto no art. 1.121 e primeira parte do § 1.º do artigo antecedente.

> ▸ Impositiva a revogação do dispositivo, pois tal possibilidade não mais existe.

Art. 1.124. Homologada a separação consensual, averbar-se-á a sentença no registro civil e, havendo bens imóveis, na circunscrição onde se acham registrados.

> ▸ Mister excluir a referência à separação.

Art. 1.124-A. A separação consensual e o divórcio consensual, não havendo filhos menores ou incapazes do casal e observados os requisitos legais quanto aos prazos, poderão ser realizados por escritura pública, da qual constarão as disposições relativas à descrição e à partilha dos bens comuns e à pensão alimentícia e, ainda, ao acordo quanto à retomada pelo cônjuge de seu nome de solteiro ou à manutenção do nome adotado quando se deu o casamento.

> ▸ Urge excluir a referência à separação, aproveitando-se o ensejo para tornar obrigatória a via extrajudicial na ausência de filhos menores ou incapazes. Nem mesmo a divergência sobre a partilha autoriza o divórcio judicial, pois tal questão merece ser apreciada em ação de partilha.

Art. 1.163 ...

§ 1.º Consideram-se para este efeito interessados:

I – o cônjuge não separado judicialmente;

> ▸ Nada justifica, a partir da separação de fato, conceder ao cônjuge o direto de ser curador do outro que desapareceu.

3.4 LEI N. 5.478/1968 – LEI DE ALIMENTOS

Art. 13. O disposto nesta Lei aplica-se igualmente, no que couber, às ações ordinárias de <u>desquite</u>, nulidade e anulação de casamento, à revisão de sentenças proferidas em pedidos de alimentos e respectivas execuções.

> O dispositivo é tão antigo que ainda fala em desquite. Assim, o melhor é alterar para divórcio.

3.5 LEI N. 6.015/73 – LEI DOS REGISTROS PÚBLICOS

Art. 29. Serão registrados no Registro Civil de Pessoas Naturais:
§ 1.º Serão averbados:
a) as sentenças que decidirem a nulidade ou anulação do casamento, o <u>desquite</u> e o restabelecimento da sociedade conjugal;

> Com o desaparecimento do desquite nos idos de 1977, nada justifica não ter sido feita a adequação legislativa. Assim, necessário alterar a expressão para divórcio. Cabe atentar, também, para o fato de que o restabelecimento da sociedade conjugal não decorre somente de sentença.

Art. 70. Do matrimônio, logo depois de celebrado, será lavrado assento, assinado pelo presidente do ato, os cônjuges, as testemunhas e o oficial, sendo exarados:
8.º) o nome, que passa <u>a ter a mulher</u>, em virtude do casamento;

> Agora qualquer dos cônjuges pode dotar o nome do outro, impondo-se que se altere a expressão para cônjuge.

Art. 100. No livro de casamento, será feita averbação da sentença de nulidade e anulação de casamento, bem como <u>de desquite</u>, declarando-se a data em que o juiz a proferiu, a sua conclusão, os nomes das partes e o trânsito em julgado.

> Urge alterar a expressão para divórcio, ficando sinalizado que o mesmo não está sujeito exclusivamente à sentença, pois pode ocorrer extrajudicialmente.

Art. 107. O óbito deverá ser anotado, com as remissões recíprocas, nos assentos de casamento e nascimento, e o casamento no deste. (Renumerado do art. 108 pela Lei n° 6.216, de 1975).

§ 1° A emancipação, a interdição e a ausência serão anotadas pela mesma forma, nos assentos de nascimento e casamento, bem como a mudança do nome da mulher, em virtude de casamento, ou sua dissolução, anulação ou desquite.

> Necessário excluir a expressão desquite e substituir dissolução por divórcio.

Art. 167. No Registro de Imóveis, além da matrícula, serão feitos: II – a averbação:

5) da alteração do nome por casamento <u>ou por desquite</u>, ou, ainda, de outras circunstâncias que, de qualquer modo, tenham influência no registro ou nas pessoas nele interessadas;

14) das sentenças de <u>separação judicial</u>, de divórcio e de nulidade ou anulação de casamento, quando nas respectivas partilhas existirem imóveis ou direitos reais sujeitos a registro;

> Cá também mister substituir a palavra desquite por divórcio.

3.6 LEI N. 6.515/1977 – LEI DO DIVÓRCIO

Art. 1.º <u>A separação judicial</u>, a dissolução do casamento, ou a cessação de seus efeitos civis, de que trata a Emenda Constitucional n. 9, de 28 de junho de 1977, ocorrerão nos casos e segundo a forma que esta Lei regula.

> Não mais se justifica a mantença da expressão grifada.

Art. 2.º A sociedade conjugal termina:
I – pela morte de um dos cônjuges;
II – pela nulidade ou anulação do casamento;
III – pela separação judicial;
IV – pelo divórcio.
Parágrafo único. O casamento válido somente se dissolve pela morte de um dos cônjuges ou pelo divórcio.

> O artigo merece ser todo reescrito, pois a única hipótese de término da sociedade conjugal é a separação de fato ou de corpos. Assim precisaria ter um único inciso: I – pela separação de fato ou de corpos.

Seção I
Dos Casos e Efeitos da Separação Judicial

Art. 3.º A separação judicial põe termo aos deveres de coabitação, fidelidade recíproca e ao regime matrimonial de bens, como se o casamento fosse dissolvido.

§ 1.º O procedimento judicial da separação caberá somente aos cônjuges, e, no caso de incapacidade, serão representados por curador, ascendente ou irmão.

§ 2.º O juiz deverá promover todos os meios para que as partes se reconciliem ou transijam, ouvindo pessoal e separadamente cada uma delas e, a seguir, reunindo-as em sua presença, se assim considerar necessário.

§ 3.º Após a fase prevista no parágrafo anterior, se os cônjuges pedirem, os advogados deverão ser chamados a assistir aos entendimentos e deles participar.

> Mister adequar o texto à única hipótese em que ocorre a dissolução do casamento. Assim, todas as expressões a ela referentes merecem ser substituídas pela palavra divórcio.

> A necessidade da ouvida dos cônjuges só se justifica se existirem filhos menores ou incapazes, pois é indispensável solver as questões a eles relativas.

Art. 4.º Dar-se-á <u>a separação judicial</u> por mútuo consentimento dos cônjuges <u>se forem casados há mais de 2 (dois) anos</u>, manifestado perante o juiz e devidamente homologado.

> ▸ Além de substituir a expressão por divórcio, mister limitar o uso da via judicial para quando existirem filhos menores ou incapazes.

Art. 5.º <u>A separação judicial pode ser pedida por um só dos cônjuges quando imputar ao outro conduta desonrosa ou qualquer ato que importe em grave violação dos deveres do casamento e torne insuportável a vida em comum.</u>

> ▸ Substituindo-se a expressão separação judicial por divórcio e eliminando a parte final, passa o dispositivo a admitir o divórcio consensual. Talvez fosse o caso de impor a via administrativa, limitando a busca do Judiciário para quando não solvidas judicialmente as questões referentes aos filhos menores e incapazes.

§ 1.º <u>A separação judicial pode, também, ser pedida se um dos cônjuges provar a ruptura da vida em comum há mais de um ano consecutivo, e a impossibilidade de sua reconstituição.</u>

§ 2.º <u>O cônjuge pode ainda pedir a separação judicial quando o outro estiver acometido de grave doença mental, manifestada após o casamento, que torne impossível a continuação da vida em comum, desde que, após uma duração de 5 (cinco) anos, a enfermidade tenha sido reconhecida de cura improvável.</u>

§ 3.º <u>Nos casos dos parágrafos anteriores, reverterão, ao cônjuge que não houver pedido a separação judicial, os remanescentes dos bens que levou para o casamento, e, se o regime de bens adotado o permitir, também a meação nos adquiridos na constância da sociedade conjugal.</u>

Art. 6.º <u>Nos casos dos §§ 1.º e 2.º do artigo anterior, a separação judicial poderá ser negada, se constituir, respectivamente, causa de agravamento das condições pessoais ou da doença do outro cônjuge, ou determinar, em qualquer caso, consequências morais de excepcional gravidade para os filhos menores.</u>

> ▸ Todos estes dispositivos merecem ser expurgados do texto.

Art. 7.º A separação judicial importará na separação de corpos e na partilha de bens.

> Mister substituir "judicial" por "de fato", pois mais do que consagrado que é a separação de fato que gera tais efeitos.

§ 1.º A separação de corpos poderá ser determinada como medida cautelar (art. 796 do CPC).

§ 2.º A partilha de bens poderá ser feita mediante proposta dos cônjuges e homologada pelo juiz ou por este decidida.

> O dispositivo permanece inalterado.

Art. 8.º A sentença que julgar a separação judicial produz seus efeitos à data de seu trânsito em julgado, ou à da decisão que tiver concedido separação cautelar.

> A redação é mais do que sofrível, mas não é só por isso que o dispositivo precisa ser alterado. Imprescindível substituir a expressão separação judicial por divórcio e excluir a parte final, pois a sentença do divórcio não tem efeito retroativo.

Seção II
Da Proteção da Pessoa dos Filhos

Art. 9.º No caso de dissolução da sociedade conjugal pela separação judicial consensual (art. 4.º), observar-se-á o que os cônjuges acordarem sobre a guarda dos filhos.

> Basta a exclusão da expressão grifada.

Art. 10. Na separação judicial fundada no *caput* do art. 5.º, os filhos menores ficarão com o cônjuge que a ela não houver dado causa.

§ 1.º Se pela separação judicial forem responsáveis ambos os cônjuges, os filhos menores ficarão em poder da mãe, salvo se o juiz verificar que de tal solução possa advir prejuízo de ordem moral para eles.

§ 2.º Verificado que não devem os filhos permanecer em poder da mãe nem do pai, deferirá o juiz a sua guarda a pessoa notoriamente idônea da família de qualquer dos cônjuges.

Art. 11. Quando a separação judicial ocorrer com fundamento no § 1.º do art. 5.º, os filhos ficarão em poder do cônjuge em cuja companhia estavam durante o tempo de ruptura da vida em comum.

Art. 12. Na separação judicial fundada no § 2.º do art. 5.º, o juiz deferirá a entrega dos filhos ao cônjuge que estiver em condições de assumir, normalmente, a responsabilidade de sua guarda e educação.

Art. 13. Se houver motivos graves, poderá o juiz, em qualquer caso, a bem dos filhos, regular por maneira diferente da estabelecida nos artigos anteriores a situação deles com os pais.

Art. 14. No caso de anulação do casamento, havendo filhos comuns, observar-se-á o disposto nos arts. 10 e 13.

> Todos estes dispositivos já se encontram derrogados, só se fazendo necessário expurgá-los do texto legal.

Art. 15. Os pais, em cuja guarda não estejam os filhos, poderão visitá-los e tê-los em sua companhia, segundo fixar o juiz, bem como fiscalizar sua manutenção e educação.

Art. 16. As disposições relativas à guarda e à prestação de alimentos aos filhos menores estendem-se aos filhos maiores inválidos.

> Os dispositivos permanecem inalterados.

Seção III
Do Uso do Nome

Art. 17. Vencida na ação de separação judicial (art. 5.º, *caput*), voltará a mulher a usar o nome de solteira.

§ 1.º Aplica-se, ainda, o disposto neste artigo, quando é da mulher a iniciativa da separação judicial com fundamento nos §§ 1.º e 2.º do art. 5.º.

§ 2.º Nos demais casos, caberá à mulher a opção pela conservação do nome de casada.

Art. 18. Vencedora na ação de separação judicial (art. 5.º *caput*), poderá a mulher renunciar, a qualquer momento, ao direito de usar o nome do marido.

- Mister eliminar tudo o que atrela o uso do nome à culpa. Do mesmo modo, não é mais exclusivamente da mulher a prerrogativa de adotar o nome do cônjuge. Assim, a adequação se impõe, alterando-se a expressão mulher por cônjuge.

Seção IV
Dos Alimentos

Art. 19. O cônjuge <u>responsável pela separação judicial</u> prestará ao outro, se dela necessitar, a pensão que o juiz fixar.

- O encargo alimentar nada mais diz com a responsabilidade pela separação, quer de quem é credor, quer de quem é devedor de alimentos.

Art. 20. Para manutenção dos filhos, os cônjuges, <u>separados judicialmente</u>, contribuirão na proporção de seus recursos.

Art. 21. Para assegurar o pagamento da pensão alimentícia, o juiz poderá determinar a constituição de garantia real ou fidejussória.

§ 1.º Se o cônjuge credor preferir, o juiz poderá determinar que a pensão consista no usufruto de determinados bens do cônjuge devedor.

§ 2.º Aplica-se, também, o disposto no parágrafo anterior, se o cônjuge credor justificar a possibilidade do não recebimento regular da pensão.

Art. 22. Salvo decisão judicial, as prestações alimentícias, de qualquer natureza, serão corrigidas monetariamente na forma dos índices de atualização das <u>Obrigações Reajustáveis do Tesouro Nacional – ORTN.</u>

- Este índice não mais existe. Está consagrado que a atualização deve ser proporcional aos ganhos do alimentante e atualizado pelos mesmos índices. Sem vínculo que permite o estabelecimento dos alimentos em valor percentual dos ganhos do devedor, a atualização é feita segundo a variação do salário mínimo ou, quando os ganhos do alimentante não guardam consonância com este indexador, é adotado o IGPM.

Parágrafo único. No caso do não pagamento das referidas prestações no vencimento, o devedor responderá, ainda, por custas e honorários de advogado apurados simultaneamente.

Art. 23. A obrigação de prestar alimentos transmite-se aos herdeiros do devedor, na forma do art. 1.796 do Código Civil.

> ▸ O dispositivo permanece inalterado.

CAPÍTULO II
DO DIVÓRCIO

Art. 24. O divórcio põe termo ao casamento e aos efeitos civis do matrimônio religioso.

Parágrafo único. O pedido somente competirá aos cônjuges, podendo, contudo, ser exercido, em caso de incapacidade, por curador, ascendente ou irmão.

Art. 25. A conversão em divórcio da separação judicial dos cônjuges existente há mais de um ano, contada da data da decisão ou da que concedeu a medida cautelar correspondente (art. 8.º), será decretada por sentença, da qual não constará referência à causa que a determinou.

Parágrafo único. A sentença de conversão determinará que a mulher volte a usar o nome que tinha antes de contrair matrimônio, só conservando o nome de família do ex-marido se alteração prevista neste artigo acarretar:

I – evidente prejuízo para a sua identificação;

II – manifesta distinção entre o seu nome de família e dos filhos havidos da união dissolvida;

III – dano grave reconhecido em decisão judicial.

Art. 26. No caso de divórcio resultante da separação prevista nos §§ 1.º e 2.º do art. 5.º, o cônjuge que teve a iniciativa da separação continuará com o dever de assistência ao outro. (Código Civil, art. 231, n. III).

> ▸ Nenhum desses dispositivos tem espaço no atual panorama legal.

Art. 27. O divórcio não modificará os direitos e deveres dos pais em relação aos filhos.

Parágrafo único. O novo casamento de qualquer dos pais ou de ambos também não importará restrição a esses direitos e deveres.

Art. 28. Os alimentos devidos pelos pais e fixados na sentença de separação poderão ser alterados a qualquer tempo.

Art. 29. O novo casamento do cônjuge credor da pensão extinguirá a obrigação do cônjuge devedor.

Art. 30. Se o cônjuge devedor da pensão vier a casar-se, o novo casamento não alterará sua obrigação.

Art. 31. <u>Não se decretará o divórcio se ainda não houver sentença definitiva de separação judicial, ou se esta não tiver decidido sobre a partilha dos bens.</u>

> ▶ O dispositivo já se encontrava revogado pela lei civil que, modo expresso, admite o divórcio sem a prévia partilha de bens (CC 1.580).

Art. 32. A sentença definitiva do divórcio <u>produzirá efeitos depois de registrada no Registro Público competente.</u>

> ▶ O dispositivo é de todo desarrazoado, pois não há como atribuir eficácia desconstitutiva ao ato registral. É o trânsito em julgado da sentença que a leva a produzir efeitos.

Art. 33. Se os cônjuges divorciados quiserem restabelecer a união conjugal só poderão fazê-lo mediante novo casamento.

CAPÍTULO III
DO PROCESSO

Art. 34. A <u>separação judicial</u> consensual se fará pelo procedimento previsto nos arts. 1.120 e 1.124 do Código de Processo Civil, e as demais pelo procedimento ordinário.

> ▶ Basta substituir a expressão por divórcio e limitar o uso da via consensual quando não houver interesse de filhos menores ou incapazes não solvidos judicialmente.

§ 1.º A petição será também assinada pelos advogados das partes ou pelo advogado escolhido de comum acordo.

§ 2.º O juiz pode recusar a homologação e não decretar a separação judicial, se comprovar que a convenção não preserva suficientemente os interesses dos filhos ou de um dos cônjuges.

> ▸ Nada justifica assegurar ao juiz tal poder discricionário, acima da vontade das partes, no que diz com o fim da sociedade conjugal. A chamada cláusula de dureza, reproduzida na lei civil (CC 1.574 parágrafo único) precisa ser excluída lá e aqui.

§ 3.º Se os cônjuges não puderem ou não souberem assinar, é lícito que outrem o faça a rogo deles.

§ 4.º As assinaturas, quando não lançadas na presença do juiz, serão, obrigatoriamente, reconhecidas por tabelião.

Art. 35. A conversão da separação judicial em divórcio será feita mediante pedido de qualquer dos cônjuges.

Parágrafo único. O pedido será apensado aos autos da separação judicial (art. 48).

Art. 36. Do pedido referido no artigo anterior, será citado o outro cônjuge, em cuja resposta não caberá reconvenção.

Parágrafo único. A contestação só pode fundar-se em:

I – falta do decurso de 1 (um) ano da separação judicial;

II – descumprimento das obrigações assumidas pelo requerente na separação.

Art. 37. O juiz conhecerá diretamente do pedido, quando não houver contestação ou necessidade de produzir prova em audiência, e proferirá sentença dentro em 10 (dez) dias.

§ 1.º A sentença limitar-se-á à conversão da separação em divórcio, que não poderá ser negada, salvo se provada qualquer das hipóteses previstas no parágrafo único do artigo anterior.

§ 2.º A improcedência do pedido de conversão não impede que o mesmo cônjuge o renove, desde que satisfeita a condição anteriormente descumprida.

Art. 39. No Capítulo III do Título II do Livro IV do Código de Processo Civil, as expressões "desquite por mútuo consentimento", "desquite" e "desquite litigioso" são substituídas por "separação consensual" e "separação judicial".

▸ Com o fim da conversão da separação em divórcio, nada mais precisa ser regulamentado. Mesmo estando os cônjuges separados, em vez da conversão, cabe o pedido do divórcio, sem a necessidade de obedecer a qualquer prazo.

CAPÍTULO IV
DAS DISPOSIÇÕES FINAIS E TRANSITÓRIAS

Art. 40. No caso de separação de fato, e desde que completados 2 (dois) anos consecutivos, poderá ser promovida ação de divórcio, na qual deverá ser comprovado decurso do tempo da separação.

§ 2.º No divórcio consensual, o procedimento adotado será o previsto nos arts. 1.120 a 1.124 do Código de Processo Civil, observadas, ainda, as seguintes normas:

I – a petição conterá a indicação dos meios probatórios da separação de fato, e será instruída com a prova documental já existente;

II – a petição fixará o valor da pensão do cônjuge que dela necessitar para sua manutenção, e indicará as garantias para o cumprimento da obrigação assumida;

III – se houver prova testemunhal, ela será produzida na audiência de ratificação do pedido de divórcio, a qual será obrigatoriamente realizada.

IV – a partilha dos bens deverá ser homologada pela sentença do divórcio.

§ 3.º Nos demais casos, adotar-se-á o procedimento ordinário.

Art. 41. As causas de desquite em curso na data da vigência desta Lei, tanto as que se processam pelo procedimento especial quanto as de procedimento ordinário, passam automaticamente a visar à separação judicial.

▸ Cabe adaptar o dispositivo à nova sistemática. Assim, é necessário substituir a palavra desquite por separação judicial e, onde está escrito separação judicial, alterar para divórcio.

Art. 42. As sentenças já proferidas em causas de desquite são equiparadas, para os efeitos desta Lei, às de separação judicial.

> ▸ Salutar o dispositivo, que urge ser adaptado ao momento atual, pois acabaria de vez com a separação judicial, ainda que obtida antes de 14.07.2010. O ideal é substituir a palavra desquite por separação judicial e, onde está escrito separação judicial, alterar para divórcio.

Art. 43. Se, na sentença do desquite, não tiver sido homologada ou decidida a partilha dos bens, ou quando esta não tenha sido feita posteriormente, a decisão de conversão disporá sobre ela.

Art. 44. Contar-se-á o prazo de separação judicial a partir da data em que, por decisão judicial proferida em qualquer processo, mesmo nos de jurisdição voluntária, for determinada ou presumida a separação dos cônjuges.

Art. 45. Quando o casamento se seguir a uma comunhão de vida entre os nubentes, existente antes de 28 de junho de 1977, que haja perdurado por 10 (dez) anos consecutivos ou da qual tenha resultado filhos, o regime matrimonial de bens será estabelecido livremente, não se lhe aplicando o disposto no artigo 258, parágrafo único, II, do Código Civil.

> ▸ Impositiva a revogação dos dispositivos, por absolutamente desatualizados.

Art. 46. Seja qual for a causa da separação judicial, e o modo como esta se faça, é permitido aos cônjuges restabelecer a todo o tempo a sociedade conjugal, nos termos em que fora constituída, contanto que o façam mediante requerimento nos autos da ação de separação.

Parágrafo único. A reconciliação em nada prejudicará os direitos de terceiros, adquiridos antes e durante a separação, seja qual for o regime de bens.

> ▸ Mister ficar sinalizado que a separação levada a efeito antes da EC 66/10 autoriza o restabelecimento do casamento. No entanto, não cabe impor o uso da via judicial nem que o restabelecimento se dê nos termos em que foi constituído o casamento, pois possível a alteração do regime de bens.

▸ Do mesmo modo, mister ficar estabelecido que, durante o período em que o casal estiver separado, vigora o regime da separação de bens, a menos que de outra forma tenha sido convencionado pelo casal.

Art. 47. Se os autos do desquite ou os da separação judicial tiverem sido extraviados, ou se encontrarem em outra circunscrição judiciária, o pedido de conversão em divórcio será instruído com a certidão da sentença, ou da sua averbação no assento de casamento.

Art. 48. Aplica-se o disposto no artigo anterior, quando a mulher desquitada tiver domicílio diverso daquele em que se julgou o desquite.

▸ Extinto o processo de separação, nada mais precisa ser regulado.

Art. 49. Os §§ 5.º e 6.º do art. 7.º da Lei de Introdução ao Código Civil passam a vigorar com a seguinte redação:

"Art. 7.º ...

§ 6.º O divórcio realizado no estrangeiro, se um ou ambos os cônjuges forem brasileiros, só será reconhecido no Brasil depois de três anos da data da sentença, salvo se houver sido antecedida de separarão judicial por igual prazo, caso em que a homologação produzirá efeito imediato, obedecidas as condições estabelecidas para a eficácia das sentenças estrangeiras no País. O Supremo Tribunal Federal, na forma de seu regimento interno, poderá reexaminar, a requerimento do interessado, decisões já proferidas em pedidos de homologação de sentenças estrangeiras de divórcio de brasileiros, a fim de que passem a produzir todos os efeitos legais."

▸ Este dispositivo já se encontra modificado e nenhuma restrição cabe ser imposta para o reconhecimento do divórcio realizado fora do País.

Art. 50. São introduzidas no Código Civil as alterações seguintes:
1) "Art. 12. ...
I – os nascimentos, casamentos, separações judiciais, divórcios e óbitos."
2) "Art. 180. ...

V – certidão de óbito do cônjuge falecido, da anulação do casamento anterior ou do registro da sentença de divórcio."

3) "Art. 186. Discordando eles entre si, prevalecerá a vontade paterna, ou, sendo o casal separado, divorciado ou tiver sido o seu casamento anulado, a vontade do cônjuge, com quem estiverem os filhos."

4) "Art. 195. ...

VII – o regime do casamento, com a declaração data e do cartório em cujas notas foi passada a escritura antenupcial, quando o regime não for o de comunhão parcial, ou o legal estabelecido no Titulo III deste livro, para outros casamentos."

5) "Art. 240. A mulher, com o casamento, assume a condição de companheira, consorte e colaboradora do marido nos encargos de família, cumprindo-lhe velar pela direção material e moral desta.

Parágrafo único. A mulher poderá acrescer ao seus os apelidos do marido."

6) "Art. 248. ...

VIII – propor a separação judicial e o divórcio."

7) "Art. 258. Não havendo convenção, ou sendo nula, vigorará, quanto aos bens entre os cônjuges, o regime de comunhão parcial."

8) "Art. 267. ...

III – pela separação judicial;

IV – pelo divórcio."

9) "Art. 1.611. À falta de descendentes ou ascendentes será deferida a sucessão ao cônjuge sobrevivente se, ao tempo da morte do outro, não estava dissolvida a sociedade conjugal."

Art. 51. A Lei 883, de 21 de outubro de 1949, passa a vigorar com as seguintes alterações:

1) "Art. 1.º ...

Parágrafo único. Ainda na vigência do casamento qualquer dos cônjuges poderá reconhecer o filho havido fora do matrimônio, em testamento cerrado, aprovado antes ou depois do nascimento do filho, e, nessa parte, irrevogável."

2) "Art. 2.º Qualquer que seja a natureza da filiação, o direito à herança será reconhecido em igualdade de condições."

3) "Art. 4.º ...

Parágrafo único. Dissolvida a sociedade conjugal do que foi condenado a prestar alimentos, quem os obteve não precisa propor ação de investigação para ser reconhecido, cabendo, porém, aos interessados o direito de impugnar a filiação."

4) "Art. 9.º O filho havido fora do casamento e reconhecido pode ser privado da herança nos casos dos arts. 1.595 e 1.744 do Código Civil."

> Todos estes dispositivos não mais têm razão de ser, pois fazem remissão ao Código Civil pretérito.

Art. 52. O n. I do art. 100, o n. II do art. 155 e o § 2.º do art. 733 do Código de Processo Civil passam a vigorar com a seguinte redação:
"Art. 100. ...

I – da residência da mulher, para a ação de separação dos cônjuges e a conversão desta em divórcio, e para a anulação de casamento.

Art. 155. ...

II – que dizem respeito a casamento, filiação, separação dos cônjuges, conversão desta em divórcio, alimentos e guarda de menores."

> Remissões a demandas que não mais existem não cabem permanecer na lei processual.

3.7 LEI N. 8.069/90 –
ESTATUTO DA CRIANÇA E DO ADOLESCENTE

Art. 42. ...

§ 2.º Para adoção conjunta, é indispensável que os adotantes sejam casados civilmente ou mantenham união estável, comprovada a estabilidade da família.

> A expressão é absolutamente equivocada, pois não existe casamento que não seja o civil. O casamento religioso, para valer civilmente, precisa ser submetido ao registro civil.

§ 4.º Os divorciados, os judicialmente separados e os ex-companheiros podem adotar conjuntamente, contanto que acordem sobre a guarda e o regime de visitas e desde que o estágio de convivência tenha sido iniciado na constância do período de convivência e que seja comprovada a existência de vínculos de afinidade e afetividade com aquele não detentor da guarda, que justifiquem a excepcionalidade da concessão.

> ▸ Necessário excluir a referência a instituto que não mais existe.

4. CONSELHO NACIONAL DA JUSTIÇA

RESOLUÇÃO N.º 35, DE 24 DE ABRIL DE 2007

Disciplina a aplicação da Lei 11.441/07 pelos serviços notariais e de registro.

Art. 3.º As escrituras públicas de inventário e partilha, separação e divórcio consensuais não dependem de homologação judicial e são títulos hábeis para o registro civil e o registro imobiliário, para a transferência de bens e direitos, bem como para promoção de todos os atos necessários à materialização das transferências de bens e levantamento de valores (DETRAN, Junta Comercial, Registro Civil de Pessoas Jurídicas, instituições financeiras, companhias telefônicas, etc.)

Art. 6.º A gratuidade prevista na Lei 11.441/07 compreende as escrituras de inventário, partilha, separação e divórcio consensuais.

Seção III
Disposições comuns à separação e divórcio consensuais

Art. 33. Para a lavratura da escritura pública de separação e de divórcio consensuais, deverão ser apresentados: a) certidão de casamento; b) documento de identidade oficial e CPF/MF; c) pacto antenupcial, se houver; d) certidão de nascimento ou outro documento de identidade oficial dos filhos absolutamente capazes, se houver; e) certidão de propriedade de bens imóveis e direitos a eles relativos; e f) documentos necessários à comprovação da titularidade dos bens móveis e direitos, se houver.

Art. 35. Da escritura, deve constar declaração das partes de que estão cientes das consequências da separação e do divórcio, firmes no propósito de pôr fim à sociedade conjugal ou ao vínculo matrimonial, respectivamente, sem hesitação, com recusa de reconciliação.

Art. 36. O comparecimento pessoal das partes é dispensável à lavratura de escritura pública de separação e divórcio consensuais, sendo admissível ao(s) separando(s) ou ao(s) divorciando(s) se fazer representar por mandatário constituído, desde que por instrumento público com poderes especiais, descrição das cláusulas essenciais e prazo de validade de trinta dias.

Art. 39. A partilha em escritura pública de separação e divórcio consensuais far-se-á conforme as regras da partilha em inventário extrajudicial, no que couber.

Art. 40. O traslado da escritura pública de separação e divórcio consensuais será apresentado ao Oficial de Registro Civil do respectivo assento de casamento, para a averbação necessária, independente de autorização judicial e de audiência do Ministério Público.

Art. 41. Havendo alteração do nome de algum cônjuge em razão de escritura de separação, restabelecimento da sociedade conjugal ou divórcio consensuais, o Oficial de Registro Civil que averbar o ato no assento de casamento também anotará a alteração no respectivo assento de nascimento, se de sua unidade, ou, se de outra, comunicará ao Oficial competente para a necessária anotação.

Art. 42. Não há sigilo nas escrituras públicas de separação e divórcio consensuais.

Art. 45. A escritura pública de separação ou divórcio consensuais, quanto ao ajuste do uso do nome de casado, pode ser retificada mediante declaração unilateral do interessado na volta ao uso do nome de solteiro, em nova escritura pública, com assistência de advogado.

Art. 46. O tabelião poderá se negar a lavrar a escritura de separação ou divórcio se houver fundados indícios de prejuízo a um dos cônjuges ou em caso de dúvidas sobre a declaração de vontade, fundamentando a recusa por escrito.

> ▸ A possibilidade de alteração do nome persiste com relação às separações realizadas antes da reforma. No entanto, mesmo que a separação ou o divórcio tenham sido levados a efeito judicialmente, a mudança do nome pode ocorrer na via extrajudicial.

Seção IV
Disposições referentes à separação consensual

Art. 47. São requisitos para lavratura da escritura pública de separação consensual: a) um ano de casamento; b) manifestação da vontade espontânea e isenta de vícios em não mais manter a sociedade conjugal e desejar a separação conforme as cláusulas ajustadas; c) ausência de filhos menores não emancipados ou incapazes do casal; e d) assistência das partes por advogado, que poderá ser comum.

Seção V
Disposições referentes ao divórcio consensual

Art. 52. Os cônjuges separados judicialmente, podem, mediante escritura pública, converter a separação judicial ou extrajudicial em divórcio, mantendo as mesmas condições ou alterando-as. Nesse caso, é dispensável a apresentação de certidão atualizada do processo judicial, bastando a certidão da averbação da separação no assento do casamento.

Art. 53. (*Revogado pela Res. CNJ 120/2010.*).

Art. 54. Esta Resolução entra em vigor na data de sua publicação.

Ministra Ellen Gracie
Presidente

Observações:

> Com a nova norma constitucional, necessário que o CNJ proceda à adequação da Resolução à nova sistemática.
> Assim, cabe excluir todas as expressão e artigos sublinhados.
> No entanto, a disposição do art. 47 precisa passar a referir-se ao divórcio, excluindo-se a letra *a*.

Art. 47. São requisitos para lavratura da escritura pública de separação consensual: a) um ano de casamento; b) manifestação da vontade espontânea e isenta de vícios em não mais manter a sociedade conjugal e desejar a separação conforme as cláusulas ajustadas; c) ausência de filhos menores não emancipados ou incapazes do casal; e d) assistência das partes por advogado, que poderá ser comum.

> Apesar de não haver mais a possibilidade do restabelecimento da sociedade conjugal, os arts. 48 a 51 merecem

permanecer, uma vez que as pessoas separadas judicialmente antes de 14/07/2010 permanecem com a possibilidade de se reconciliarem.

Art. 48. O restabelecimento de sociedade conjugal pode ser feito por escritura pública, ainda que a separação tenha sido judicial. Neste caso, é necessária e suficiente a apresentação de certidão da sentença de separação ou da averbação da separação no assento de casamento.

Art. 49. Em escritura pública de restabelecimento de sociedade conjugal, o tabelião deve: a) fazer constar que as partes foram orientadas sobre a necessidade de apresentação de seu traslado no registro civil do assento de casamento, para a averbação devida; b) anotar o restabelecimento à margem da escritura pública de separação consensual, quando esta for de sua serventia, ou, quando de outra, comunicar o restabelecimento, para a anotação necessária na serventia competente; e c) comunicar o restabelecimento ao juízo da separação judicial, se for o caso.

Art. 50. A sociedade conjugal não pode ser restabelecida com modificações.

Art. 51. A averbação do restabelecimento da sociedade conjugal somente poderá ser efetivada depois da averbação da separação no registro civil, podendo ser simultâneas.

BIBLIOGRAFIA

AGUIAR JR., Ruy Rosado. Responsabilidade civil no direito de família. In: WELTER, Belmiro Pedro; MADALENO, Rolf (coords.). *Direitos fundamentais do direito de família*. Porto Alegre: Livraria do Advogado, 2004. p. 359-372.

AMORIM, Sebastião Luiz; OLIVEIRA, Euclides de. *Separação e divórcio: teoria e prática*. 6. ed. São Paulo: Universitária de Direito, 2001.

ASSIS, Arnoldo Camanho de. EC n. 66/10: a emenda constitucional do casamento. Disponível em: [www.tjdft.jus.br]. Acesso em: 15/02/2012.

_____. Questões práticas sobre a repercussão da EC n. 66/2010 nos processos em andamento. Disponível em: [www.ibdfam.org.br]. Acesso em: 16/02/2012.

BERTHOLD, Daniel André Köhler. O divórcio ficou mais rápido? Disponível em: [www.espacovital.com.br]. Acesso em: 16/02/2012.

BIGI, José de Castro. Dano moral em separação e divórcio. *Revista dos Tribunais*, v. 670, São Paulo, Ed. RT, ago. 1991.

CAHALI, Yussef Said. *Divórcio e separação*. 12. ed. São Paulo: Ed. RT, 2011.

CARVALHO, Dimas Messias de. *Divórcio judicial e administrativo*: de acordo com a Emenda Constitucional 66/2010 e a Lei 11.698/2008. Belo Horizonte: Del Rey, 2010.

CARVALHO, Newton Teixeira. O fim da separação no ordenamento jurídico brasileiro. Disponível em: [www.ibdfam.org.br]. Acesso em: 27/12/2011.

CASSETTARI, Christiano. *Separação, divórcio e inventário por escritura pública*: teoria e prática. 4. ed. São Paulo: Método, 2010.

CHAVES, Marianna. PEC do Divórcio – Consagração da autonomia da vontade. Disponível em: [www.ibdfam.org.br]. Acesso em: 02/03/2012.

CRUZ, Maria Luiza Póvoa. *Separação, divórcio e inventário por via administrativa*. 2. ed. Belo Horizonte: Del Rey, 2008. p. 12-13.

DIAS, José de Aguiar. *Da responsabilidade civil*. 5. ed. Rio de Janeiro: Forense, 1973.

DIAS, Maria Berenice. Divórcio já! Disponível em: www.mariaberenice.com.br. Acesso em: 13/02/2012.

_____. EC 66/10 – E agora? Disponível em: [www.mariaberenice.com.br]. Acesso em: 14/02/2012.

_____. Manual das sucessões. 2. ed. São Paulo: Ed. RT, 2011.

_____. Manual de direito das famílias. 8. ed. São Paulo: Ed. RT, 2011.

FACHIN, Luiz Edson. Elementos críticos do direito de família. Rio de Janeiro: Renovar, 1999.

FARIA, Mário Roberto Carvalho de. Direito das sucessões. 4. ed. atual. Rio de Janeiro: Forense, 2004.

FARIAS, Cristiano Chaves de. O novo procedimento para a separação e o divórcio consensuais e a sistemática da Lei n. 11.441/2007. Revista Brasileira de Direito de Família, Porto Alegre, IBDFAM/Síntese, ano VIII, n. 40, p. 48-71, fev.-mar. 2007.

_____. Redesenhando os contornos da dissolução do casamento. Anais do IV Congresso Brasileiro de Direito de Família. Afeto, ética e família e o novo Código Civil brasileiro. Belo Horizonte: Del Rey, 2004. p. 105-126.

_____; ROSEVANVALD, Nelson. Curso de direito civil – Famílias. 4. ed. Salvador: JusPodivm, 2012. v. 6.

_____. Direito das famílias. Rio de Janeiro: Lumen Juris, 2008. p. 282.

FERRAZ, Carolina Valença; LEITE, George Salomão; LEITE, Glauber Salomão (coord.). O novo divórcio no Brasil: de acordo com a EC n. 66/2010. Salvador: JusPodivm, 2011.

GABURRI, Fernando. Primeiros apontamentos sobre separação e divórcio extrajudiciais. Disponível em: [www.ibdfam.org.br]. Acesso em: 16/02/2012.

GAGLIANO, Pablo Stolze. A nova emenda do divórcio: primeiras reflexões. Juris Plenum, Flávio Augustin Ed., ano VII, n. 39, maio 2011.

_____; PAMPLONA FILHO, Rodolfo. O novo divórcio. São Paulo: Saraiva, 2010.

GAMA, Guilherme Calmon Nogueira da. Separação de fato e ética no direito de família. In: PEREIRA, Tânia da Silva; PEREIRA, Rodrigo da Cunha (coords.). A ética da convivência familiar e a sua efetividade no cotidiano dos tribunais. Rio de Janeiro: Forense, 2006, p. 73-100.

GARCIA, Marco Túlio Murano. Las Vegas é aqui! Disponível em: [www.ibdfam.org.br]. Acesso em: 16/02/2012.

GIORGIS, José Carlos Teixeira. Apoteose do divórcio. Disponível em: [www.espacovital.com.br]. Acesso em: 15/02/2012.

_____. Os direitos sucessórios do cônjuge sobrevivo. Disponível em: [http://www.rkladvocacia.com/arquivos/artigos/art_srt_arquivo20090318000839.pdf]. Acesso em: 01/02/2012.

GOZZO, Débora; VENOSA, Sílvio de Salvo. Do direito das sucessões. Arts. 1.784 a 1.911. In: ALVIM, Arruda; ALVIM, Thereza (coord.). *Comentários ao Código Civil brasileiro*. Rio de Janeiro: Forense, 2004. v. XVI.

GRISARD Filho, Waldyr. Divórcio express: uma mudança de vanguarda. Disponível em: [www.ibdfam.org.br]. Acesso em: 17/01/2012.

HEGEL, Georg Wilhelm Friedrich *Principios de la filosofía del derecho*. Buenos Aires: Sudamerica, 2004.

LAGRASTA, Caetano. Divórcio – O fim da separação e da culpa? Disponível em: [www.ibdfam.org.br]. Acesso em: 02/03/2012.

LARA, Paula Maria Tecles. Comentários à Emenda Constitucional n. 66/2010. Disponível em: [www.ibdfam.org.br]. Acesso em: 01/02/2012.

LÔBO, Paulo. A PEC do divórcio: consequências jurídicas imediatas. *Revista Brasileira de Direito das Famílias e Sucessões*, v. 11, p. 05-17, Porto Alegre, Magister / Belo Horizonte, IBDFAM, p. 8, ago.-set. 2009.

_____. *Direito civil – Famílias*. 2. ed. São Paulo: Saraiva, 2010.

_____. Divórcio: alteração constitucional e suas consequências. Disponível em: [www.editoramagister.com]. Acesso em: 27/12/2011.

_____. Separação era instituto anacrônico. Disponível em: [www.ibdfam.org.br]. Acesso em: 01/02/2012.

MADALENO, Rolf. A concorrência sucessória e o trânsito processual: a culpa mortuária. *Revista Brasileira de Direito de Família*, Porto Alegre, Síntese/IBDFAM, v. 7, n. 29, abr.-maio 2005, p. 144-151.

_____. A infidelidade e o mito causal da separação. *Revista Brasileira de Direito de Família*, Porto Alegre, IBDFAM/Síntese, n. 11, p. 148-160, out.-dez. 2001.

_____. *Curso de direito de família*. 2. ed. Rio de Janeiro: Forense, 2009.

_____. *Direito de família em pauta*. Porto Alegre: Livraria do Advogado, 2004.

_____. Do regime de bens entre os cônjuges. In: DIAS, Maria Berenice; PEREIRA, Rodrigo da Cunha (coord.). *Direito de família e o novo Código Civil*. 3. ed. Belo Horizonte: Del Rey, 2003. p. 191-224.

MARINONI, Luiz Guilherme. *Código de Processo Civil comentado*. 3. ed. São Paulo: Ed. RT, 2011. p. 442.

MORAES, Maria Celina Bodin de. Danos morais em família? Conjugalidade, parentalidade e responsabilidade civil. In: PEREIRA, Tânia da Silva;

PEREIRA, Rodrigo da Cunha (coord.). *A ética da convivência familiar e a sua efetividade no cotidiano dos tribunais*. Rio de Janeiro: Forense, 2006. p. 171-202.

NOGUEIRA, Luiz Fernando Valladão. O fim da separação. Disponível em: [www.ibdfam.org.br]. Acesso em: 02/03/2012.

NUSSBAUM, Martha. *From disgust to humanity. Sexual orientation and constitutional law*. New York: Oxford, 2010.

OLIVEIRA, Euclides Benedito de. *Direito de herança: a nova ordem da sucessão*. São Paulo: Saraiva, 2005.

PARREIRA, Antonio Carlos. Uma historinha de divórcio. *Diário de Notícias*, São Paulo, p. 3.

PAULA, Adriano Perácio de. Divórcio e separação em cartório. *Juris Plenun*, Caxias do Sul, ano III, n. 14, p. 7-8, mar. 2007.

PEDRONI, Ana Lúcia. *Dissolução do vínculo matrimonial* – (Des)necessidade da separação judicial ou de fato como requisito prévio para obtenção do divórcio no direito brasileiro. Florianópolis: OAB/SC, 2005.

PEREIRA, Sérgio Gischkow. Calma com a separação e o divórcio! *Zero Hora*, n. 16402, 20 jul. 2010.

_____. *Direito de família*: aspectos do casamento, sua eficácia, separação, divórcio, parentesco, filiação, união estável, tutela e curatela. Porto Alegre: Livraria do Advogado, 2007.

PEREIRA, Rodrigo da Cunha. A Emenda Constitucional n. 66/2010: semelhanças, diferenças e inutilidades entre separação e divórcio e o direito intertemporal. *Revista Brasileira de Direito de Família e Sucessões*, Porto Alegre, Magister / Belo Horizonte, IBDFAM, ano XII, n. 17, p. 5-13, ago.-set. 2010.

_____. *Comentários ao novo Código Civil*: da união estável, da tutela e da curatela. Rio de Janeiro: Forense, 2004. vol. 20.

_____. Divórcio responsável. Disponível em: [www.ibdfam.org.br]. Acesso em: 01/02/2012.

RESENDE, Nara Rubia Alves de. Da possibilidade de ressarcimento dos danos decorrentes da dissolução da sociedade conjugal. *Revista Brasileira de Direito de Família*, Porto Alegre, IBDFAM/Síntese, n. 21, p. 5-32, nov.-dez. 2003.

RIBEIRO, Paulo Hermano Soares. Análise preliminar da EC n. 66/10 e seus reflexos no divórcio por escritura pública. Disponível em: [www.recivil.com.br]. Acesso em: 01/03/2011.

RODRIGUES JÚNIOR, Walsir Edson; NUNES, Dierle. Emenda Constitucional 66 e a possibilidade jurídica do pedido de separação judicial e de separação extrajudicial. *Revista Brasileira de Direito de Família e Sucessões*, Porto Alegre, Magister / Belo Horizonte, IBDFAM, ano XII, n. 18, p. 5-28, out.-nov. 2010.

ROSA, Karin Regina Rick. Existe separação depois da Emenda Constitucional n. 66/10? Disponível em: [www.jusbrasil.com.br]. Acesso em: 01/02/2012.

SALLES, Gladys Maluf Chamma Amaral. A PEC do divórcio e a discussão da culpa. Disponível em: [www.ibdfam.org]. Acesso em: 01/02/2012.

SANTOS, Luiz Felipe Brasil. Anotações acerca das separações e divórcios extrajudiciais (Lei 11.441/07). Disponível em: [www.tj-rs.jus.br]. Acesso em: 01/02/2012.

_____. Emenda do divórcio: cedo para comemorar. Disponível em: [www.ibdfam.org.br]. Acesso em: 21/07/2010.

SANTOS, Romualdo Baptista dos. A nova lei de separações e divórcios extrajudiciais. Disponível em: [www.ibdfam.org]. Acesso em: 01/02/2012.

SCHÄFER, Gilberto. A Emenda Constitucional n. 66 e o divórcio no Brasil. Disponível em: [www.jusbrasil.com.br]. Acesso em: 01/02/2012.

SILVA, Sáloa M. Neme da. Discutindo o divórcio. *Zero Hora*, 27 jul. 2010.

SIMÃO, José Fernando. A PEC do divórcio: a revolução do século em matéria de direito de família – A passagem de um sistema antidivorcista para o divorcista pleno. *Revista Brasileira de Direito de Família*, Porto Alegre, Magister / Belo Horizonte, IBDFAM, ano XII, n. 17, p. 14-26, ago.-set. 2010.

TARTUCE, Flávio. Argumentos constitucionais pelo fim da separação de direito. Disponível em: [www.ibdfam.org.br]. Acesso em 02/03/2012.

TEIXEIRA, Ana Carolina Brochado. Responsabilidade civil e ofensa à dignidade humana. *Revista Brasileira de Direito de Família*, Porto Alegre, IBDFAM/Síntese, n. 32, p. 138-158, out.-nov. 2005.

VELOSO, Zeno. O novo divórcio e o que restou do passado. Disponível em: [www.ibdfam.org.br]. Acesso em: 01/09/2011.

VENOSA, Sílvio de Salvo. *Direito civil – Direito de família*. 4. ed. São Paulo: Atlas, 2004.

ZANELLATO, Ezequiel Paulo. O afeto como fator preponderante para a manutenção da sociedade conjugal. *Revista da Ajuris – Associação dos Juízes do Rio Grande do Sul*. Porto Alegre, n. 99, p. 94-105, set. 2005.

OUTRAS OBRAS DA AUTORA

Manual das sucessões. 2. ed. São Paulo: RT, 2011.

Manual de direito das famílias. 7. ed. São Paulo: RT, 2011.

A Lei Maria da Penha na justiça. 2. ed. São Paulo: RT, 2010.

União homoafetiva: o preconceito e a justiça. 5. ed. São Paulo: RT, 2011.

Conversando sobre... alimentos. Porto Alegre: Livraria do Advogado, 2006.

Conversando sobre... a mulher e seus direitos. Porto Alegre: Livraria do Advogado, 2004.

Conversando sobre... família e o novo Código Civil. Porto Alegre: Livraria do Advogado, 2004.

Conversando sobre... homoafetividade. Porto Alegre: Livraria do Advogado, 2004.

Conversando sobre... justiça e os crimes contra a mulher. Porto Alegre: Livraria do Advogado, 2004.

Conversando sobre... o direito das famílias. Porto Alegre: Livraria do Advogado, 2004.

Homoafetividade: o que diz a justiça! Porto Alegre: Livraria do Advogado, 2003.

O terceiro no processo. Rio de Janeiro: Aide, 1993.

Diagramação eletrônica:
Editora Revista dos Tribunais Ltda., CNPJ 60.501.293/0001-12.
Impressão e encadernação:
Assahi Gráfica e Editora Ltda., CNPJ 48.130.660/0001-13.

A.S. L6689-01